오더

KB193110

성 공 하 고   싶 다 면   영 혼 부 터   바 꿔 라

오더

조성민 지음

국일미디어

내 눈앞의 현실은
내가 만든 결과물이다

당신의 현실은 어떠한가?

빚이 있는가?

은행 문을 두들겨 대차게 돈을 빌리고, 그 돈을 아무 데
나 갖다 버린 과거의 자신이 원망스러운가?

사업에 망했는가?

대책 없이 일만 벌리고 뭐가 문제인지 알지도 못한 채 실
패해서, 주변 사람들을 실망시킨 자신이 한심한가?

아무것도 할 수 없는가?

욕망과 도파민에 뇌가 절여져 보람찬 감정을 느낄 일 따

위는 무엇 하나 남지 않았는가?

현재 당신이 마주하고 있는 현실은 살다 보니 우연히 맞이하게 된 것이 아니다. 그 현실은 당신 스스로, 당신의 의지로 창조해 낸 결과물이다.

이렇게 말하면 '난 이런 현실을 원한 적이 없는걸!' 하며 의문을 가질 수도 있다. 내가 처한 현실이 내 의지로 창조한 것이라면, 어째서 나는 지금 원치 않은 일을 겪고 있는 것인가? 이런 생각이 드는 것은 당연하다.

또한 이것은 매우 합당한 의문이다.

그리고 이 책은 그러한 의문에 답하기 위해 이 세상에 나왔다.

우선 우리가 '현실'이라고 부르고 있는 것들을 잠시 들여다보자.

당신은 지금 어떤 현실 속에서 살고 있는가? 당신이 '원했던 현실'인가? 아니면 '원하지 않았던 현실'인가?

대부분은 그 두 가지가 섞여 있을 것이다. 원했던 현실

속에 원하지 않았던 현실의 조각들이 끼어 있거나, 반대로 원하지 않았던 현실 속에 원했던 현실의 조각들이 끼어 있을 것이다.

'당신'의 입장에서 보면 당신의 현실은 이처럼 두 가지로 구분할 수 있다.

그러나 '영靈'의 입장에서 보면 당신의 현실은 하나부터 열까지 당신이 원했던 것이다.

잠시 인생을 되돌아보자. 그리고 당신이 해 온 생각의 발자취 위에서 원하는 것과 원하지 않는 것의 구분이라는 요소를 빼 보자. 그럼 모든 것이 생각한 대로 이뤄졌다는 걸 알 수 있다.

당신이 지금 회사를 다니고 있다면, 그 전에 분명 취직에 대한 생각을 했을 것이다. 지금 가게를 운영하고 있다면, 창업에 대한 생각을 했을 것이다. 현재 하고 있는 업무에 대해서도 생각해 보자. 분명 어느 시점에 '그런 일을 하고 싶다', 혹은 '하고 말겠다'는 생각을 했을 것이다. 그 결과 당신의 영은 그것을 원하게 됐다.

끊임없이 당신을 괴롭히는 질병, 이루지 못해 괴로운 욕망, 삶의 방향을 잡지 못하는 혼돈도 마찬가지다. 당신이 원하지 않았던 현실이라고 말하는 그 현실들도, 사실은 모두 당신의 영이 원한 것이다.

그 이유는 당신이 평소에 그것들을 무작위로 생각했기 때문이다. 다시 말해 원하지 않는 현실을 원하지 않는 감정으로, 어떻게든 피하고 싶다는 감정으로 생각했기 때문이다.

우리가 어떤 생각을 하고 감정을 느낄 때마다, 영은 그것을 현실로 창조한다.

'감정이 담긴 생각'은 반드시 현실이 되어 있는 것을 발견하게 된다. 원하는 현실이든 원하지 않는 현실이든 모두 해당된다.

또한 이것은 삶을 이끌어 나가는 중요한 단서가 된다.

'감정이 담긴 생각이 현실을 창조한다는 것'을 지각할 수 있다면, 그 힘을 내가 원하는 대로 사용할 수 있다.

즉, 내가 원하는 현실을 창조할 수 있다는 뜻이다!

이러한 삶의 비밀과 원하는 현실을 창조해 내는 방식을 '오더Order'라 한다.

통상적으로 오더라 하면 어떠한 일을 사역할 때 내려지는 요구 또는 명령을 뜻한다.

order : (동사/명사) 원하는 것을 주문하다, 주문

지구 역사상 가장 유명한 '오더'는 무엇일까? 아마 당신도 들어 봤을 것이다. 바로 구약성서 창세기 1장에 나오는 구절이다.

하나님이 이르시되 "빛이 있으라" 하시더니 빛이 있었고.
_창세기 1:3

이 구절에서 "빛이 있으라"고 말한 것이 바로 오더이다. 생각으로 이뤄져 있으며 무언가를 창조하는 명령이기 때문이다.

그렇다면 저 명령문 안에는 무엇이 들어 있을까?

바로 '생각'과 '감정'이다. 구체적으로 생각은 빛이라는 것을 창조하겠다는 '의도'에 대한 생각이고, 감정은 그러한 의도를 '확신'하는 감정이다.

반대로 말하면, 의도에 대한 생각과 확신에 대한 감정이 없이는 오더가 성립하지 않는다.

만약 창세기에서 신이 이렇게 말했다면 어떤 일이 일어났을까? '빛이 있으면 좋겠다' 혹은 '빛이라는 것을 만들어 주세요'라고 말했다면 말이다.

그러면 '빛이 있으면 좋을 것 같은 상황'이 창조된다. 예를 들어 너무 깜깜해서 한치 앞도 보이지 않는 상태의 우주가 창조된다. '빛이라는 것을 만들어 주세요'도 마찬가지다. 빛이 창조되는 것이 아니라 '빛을 만들어야 하는 상황'이 창조된다.

실제로 우리는 위와 같이 명확하지 않은, 잘못된 오더를 내리고 있다. 그리하여 자신이 원하지 않는 현실을 창조하고 있다.

'이번 달 카드 값이 왜 이렇게 많이 나왔지! 이 지긋지긋한 가난!'

이렇게 말하는 순간 당신의 삶에는 어떤 오더가 내려질까?

머릿속에는 카드 값과 가난에 대한 생각이 가득 찼을 것이고, 가슴속에는 가난에 대한 두려움과 지긋지긋해 하는 감정이 잔뜩 부풀어 올랐을 것이다.

그러면 그러한 생각과 감정이 담긴 오더가 생성된다. 그리고 앞으로도 계속 더 많은 카드 값과 가난해져야만 하는 상황들을 만나게 된다.

답답하게 들릴 수 있지만 오늘날 나의 부정적인 현실은 누구의 탓도 아니다. 그저 내가 창조해 낸 상황일 뿐이다.

그러면 이 문제를 어떻게 해결해야 할까? 방법은 간단하다. 내가 또 하나의 창조자라는 것을 자각하고, 오더를 내리고 있다는 사실을 알아차리기만 하면 된다. 그러면 그 순간부터 인생이 변한다.

너무 빨리 변해서 스스로도 놀랄 정도로 말이다.

반신반의하는 사람이 많겠지만 이 말은 믿어도 된다.

왜냐고? 바로 내가 그랬기 때문이다.

한 가지 미리 밝혀 두자면 나는 신학자도 아니고, 승려도 아니다. 하지만 이 책은 내 경험을 바탕으로 한 '영적인 이야기'다.

잠재의식에 대해 깊이 공부하다 보면 어느 순간 영적인 것을 논해야 할 때가 반드시 온다. 하지만 여기서 말하는 영적인 이야기는 종교적인 것과는 거리가 있다.

종교적인 관점만으로는 세상의 문제를 해결하지 못한다. 순전한 종교인이라면 그저 자신의 욕망을 꺾고 세상의 문제들을 등진 채, 초월적 존재에 귀의할 뿐이다.

그런 지혜를 원하는 이들도 있겠지만, 아쉽게도 이 책은 그 방향이 아니다. 이 책에서는 영적인 관점에서 당신의 인생과 성공에 대한 숨겨진 비밀들을 다룰 예정이다.

우선 영적인 스승들에 대해 이야기해 보자.

인류의 역사 속에서 영적 스승으로 불릴 수 있는 인물은 무수히 많다. 그중에서 가장 위대한 두 명을 꼽으라면 당신은 누구를 꼽겠는가?

나는 붓다로 알려진 고타마 싯다르타와 신약성경의 예수 그리스도를 꼽는다.

유구한 인류의 역사 속에서 '생각'과 관련해 최고의 권위를 가진 사람이 바로 붓다다.

그는 25세기 전, 지금의 북인도 지역에서 태어났다. 붓다는 평생 동안 인간의 고통에 관해 연구했는데, 그의 연구 결과를 세 문장으로 압축한다면 다음과 같다.

모든 고통은 마음에서 나온다.
마음은 훈련이 가능하다.
훈련된 마음은 고통에서 자유롭다.

그는 자신의 가르침에 대해 어떠한 권위도 주장하지 않았다. 오히려 제자들에게, 자신이 가르친 것마저 의심하고, 직접 실험해 보라고 권했다. 자기 삶에 적용해 직접 실험해 볼 때 그것이 진리인지 알 수 있기 때문이다.

나는 붓다의 생각에 전적으로 동의한다. 모든 진리는 스스로에게 실험을 해 봐야 한다. 그래야 그것이 진리임을 알 수 있다. 스스로에게 실험하지 않은 진리는 그저 하나의 개념일 뿐이다. 또한 실험의 과정에서 새로운 진리를 발견할 수 있다.

이쯤에서 붓다의 가르침을 요약한 세 문장에, 내가 발견한 하나의 문장을 더해 보려 한다.

모든 고통은 마음에서 나온다.

마음은 훈련이 가능하다.

훈련된 마음은 고통에서 자유롭다.

훈련된 마음은 원하는 현실을 창조한다.

마지막 문장은 위 세 문장을 확장시키는 과정에서 내가 발견한 진리다.

물론 마지막 문장은 '무언가를 원하는 마음' 자체를 버리라는 붓다의 종교적 가르침과는 결이 다를 수 있다. 그러나 이 책에서는 이러한 결의 차이에 큰 의미를 두지 않을 것이다. 우리의 목적은 종교적 가르침에 있지 않기 때문이다. 우리는 생각의 방식을 훈련하고 조절하여 속세의 고통에서 탈출할 수도 있지만, 원하는 현실을 창조할 수도 있다.

'생각'에 대한 최고 권위자가 붓다라면, '감정'에 대한 최고 권위자는 2,000년 전 나사렛이라는 동네에서 태어난 예수 그리스도다.

예수는 무언가를 확신하는 감정_믿음_에 대해서 이렇게 말하고 있다.

> 내가 진실로 너희에게 이르노니 누구든지 이 산더러, 들리어 바다에 던지우라 하며 그 말하는 것이 이루어질 줄 믿고 마음에 의심하지 아니하면 그대로 되리라.
> _마가복음 11:23

믿음 또한 감정의 일종이라는 걸 감안하면 예수의 말은 앞에서 언급한 오더의 원리와 일맥상통하고 있다.

우리가 우리의 삶에 오더를 내릴 때에는, 그것이 실현될 것을 확신하는 감정이 필요하다. 그래야 우리의 영을 설득할 수 있다.

앞으로 이어질 내용은 두 권위자의 말을 주축으로 전개될 것이다. 하지만 여전히 종교적인 이야기는 아니다.

지금까지 감정이 깃든 생각은 오더가 되어 현실을 창조한다고 설명했다.

그럼 자연스럽게 이런 의문이 들 것이다. 그 말을 하고 있는 당신은 어떤 것을 창조했고, 어떤 것을 경험했는가?

내가 오더를 통해 경험한 것들은 다음과 같다.

1. 모아둔 돈 한 푼 없이 28세에 결혼을 했고, 행복한 결혼생활을 하고 있다.

2. 시급 3,850원을 받던 카페 알바생에서, 각종 커피 축제와 대기업에서 시급 200만 원을 받으며 강의하는 초빙 강사가 되었다.

3. 동네 카페를 운영한 지 3년 만에 카페 분야에서 베스트셀러를 2권이나 냈다.

4. 교수가 되고 싶다고 생각하자, 2주 만에 외래교수 제의가 들어 왔

고 교수님이라 불리며 강의를 하게 되었다.

5. 출퇴근하지 않는 온라인 비즈니스를 구상하자, 2개월 만에 클래스유에 연결되었고 그 결과 출근도 퇴근도 하지 않고 매주 온라인으로 강의만 하며 먹고 살 수 있게 됐다.

6. 큰돈을 벌고 싶다고 생각하자, 여러 가지 기회들이 주어지면서 10개월 만에 12억 원이라는 매출을 달성했다.

나는 스스로에게 '큰돈을 벌고 싶다'는 오더를 내렸고 그것이 현실화된 걸 실제로 경험하고 있다. 어떤 때는 하루 만에 대기업 과장급 연봉을 벌기도 했다.

자, 이제 흥미가 생겼는가?

이 책을 끝까지 읽는 순간, 당신은 완전히 다른 세계를 살게 될 것이다. 또한 지금까지 왜 나에게 원하지 않는 일들이 일어난 것인지 그 이유를 명확하게 깨닫게 될 것이다. 그리고 앞으로는 내가 원하는 현실을 창조하게 될 것이다.

그럼 오더의 비밀을 함께 파헤쳐 보자!

차례

Chapter 5
← 명상 이야기 →

Chapter 6
← 오더 가이드북 →

Chapter 1

영혼의 구성

영의 관점에서
바라보기

우리는 모두 스스로를 둘러싼 세계의 유일한 '창조자'다.

이 말을 이해하기 위해서는 '창조자'가 무엇인지보다 '나'가 무엇인지부터 짚고 넘어갈 필요가 있다. 잠시 '나'라는 존재에 대해 생각해 보자.

나는 무엇인가?

영·혼·육으로 구성된 나

대부분의 종교와 문화권에서는 '나'라는 존재에 대해 말할 때 나는 '세 가지'로 구성되어 있다고 설명한다. 그 세 가지는 바로 '영靈, 혼魂, 육肉'이다.

동아시아권에 사는 사람들에겐 상당히 익숙한 용어이기

도 한데, 그 의미가 무엇인지에 대해서는 확실히 파악하지 못하고 있는 경우가 많다.

이 세 가지가 무엇인지 하나씩 살펴보자.

가장 먼저 살펴볼 것은 육肉이다. 육은 우리들의 몸, 즉 육체를 가리킨다.

인간은 육체의 오감五感을 통해 세상을 인식한다. 만약 오감이 없다면 우리는 그 어떤 사물도 느끼지 못하고 아무런 경험도 하지 못한다.

또한 육체는 '감정'이 발현되는 통로이기도 하다. 열정, 기쁨, 분노, 슬픔 등의 감정은 육체를 통해 물리적인 파동의 형태로 발현된다. 후술하겠지만 이를 통해 감정은 우리 주변의 현실에 간섭한다.

그런 의미에서 육체는 하나의 정밀한 생체 기계이다. 일단은 '단백질로 이루어진 탈 것'이라고 생각해 두자.

혼魂은 우리의 '생각'을 관장하는 주체, 혹은 생각 그 자체를 뜻한다.

혼이 하는 역할은 우리가 육을 통해 받아들이는 오감의 전기 신호를 해석하고, 마음에 상을 그리는 것이다. 우리는 육의 오감이 없어도 경험을 할 수 없지만, 혼이 없다 해도 마찬가지다. 육을 통해 받아들이는 오감을 해석하고 의미를 부여할 수 없기 때문이다.

또한 혼은 우리가 무엇을 경험할지 방향을 결정한다. 경험은 혼의 의도를 통해 육을 거쳐 만들어진다. 이렇게 형성된 경험들은 영에게 영향을 미치는데, 이것은 혼과 육이 영에게 영향을 미칠 수 있는 유일한 방법이다.

마지막으로, 영靈은 우리의 본질이자 근원이다.

영은 혼이 하는 생각을 바라보는 자이다. 자연적인 상태에서 영은 그 존재가 감지되지 않는다. 하지만 깊이 명상할 때 우리는, 우리의 생각 너머에서 그 생각을 지켜보는 자를 인식할 수 있다.

영은 우리 현실의 창조자다. 영은 단백질과 여러 재료를 사용해 육을 만들고 그 안에서 혼을 형성해 낸 장본인이다. 영은 우리 내부에서 끊임없이 우리와 우리 주변의 현실을 창조하고 있다.

그렇기에 영은 나의 현실을 유지하고 있는 에너지이다. 만약 영이 그 존재를 유지하지 않으면 혼과 육은 있어도 있는 것이 아니며, 나라는 존재는 사라진 것이나 마찬가지인 상태가 된다.

정리하자면 나의 존재는 영·혼·육으로 이뤄졌다고 볼 수 있다. 영은 창조를 담당하는 나이고, 혼은 생각을 담당하는 나, 육은 감정을 담당하는 나이다. 이 세 가지는 별도로 존재하면서도 하나로서 존재한다.

성경에 '삼위일체三位一體'라는 개념이 있다. 성부 아버지 하나님, 성자 아들 예수 그리스도, 성령 각 사람 속에 존재하는 성스러운 힘의 세 인격이 본질적으로 하나라고 정의하는 것이다.

성경은 상징과 비유로 이루어진 경전이다. 그렇기에 삼위일체의 삼위가 꼭 종교적 의미의 성부, 성자, 성령만을 지칭한다고 단정할 수는 없다. 삼위일체는 창조자, 생각, 감정으로 이루어진 영·혼·육의 관계를 가리키기도 한다.

성자와 성령을 창조한 주체가 성부라는 사실은, 창조자인 영에 의해 혼과 육이 만들어짐을 비유한다. 또한 오직 성자와 성령을 통해 성부에 다다를 수 있다는 사실은, 혼의 생각과 육의 감정이 만들어 낸 경험을 통해서만 영이 변화됨을 비유한다.

우리의 현실은 우리의 존재가 영·혼·육의 삼위일체로 이뤄졌다는 사실과 비밀스럽고도 깊은 관계를 맺고 있다.

영의 목적은 경험이다

영은 혼과 육이 있기 전부터 스스로 존재한다. 그러나 영은 혼과 육이 없는 상태에서는 경험을 할 수 없다.

영에게 있어 가장 중요하고 소중한 가치는 바로 '경험'이다. 그래서 영은 경험을 하기 위해 이 세상에 온다.

그러한 영에게 있어 모든 경험은 가치가 있다. 이 세상에서의 일이라면 호불호를 따지지 않고, 무엇이든 소중한 것이다. 그래서 영의 관점에서 볼 때 거지로 사는 것이나, 부자로 사는 것은 큰 차이가 없다.

심지어 영에게는 시간이라는 것도 존재하지 않는다. 어떤 경험을 하느라 다른 경험을 하지 못할 고민을 할 필요가 없다. 무한한 시간 속에서 하나하나의 경험을 쌓아 나가면 될 뿐이다.

조금 러프한 예시를 들어 보겠다.

간단하게 우리가 사는 현실 세계를 비디오게임 속 세상이라고 생각해 보자. 게임 장르는 어마어마한 자유가 보장된 판타지 모험이다.

만약 그것이 사실이라면 그러한 게임을 플레이할 수 있는 '보다 본질적인 세계'가 존재한다는 얘기가 된다. 또한 지금 현실 세계를 살아가고 있는 우리들은, 본질적인 세계에서 게임을 플레이하는 나의 아바타 캐릭터라고 할 수 있다.

이 게임을 즐기고 있는 유저는 '본질적인 세계의 나'이다.

반대로 본질적인 세계의 나의 입장에서, 우리가 살아가고 있는 현실 세계는 어디까지나 게임 속 세계, 즉 비非본질적인 세계다.

그렇기 때문에 우리가 현실 세계에서 만들고 즐기는 모든 것들은, 그 유저에게 경험의 대상이 될 뿐이지 절대적인 가치가 되지는 못한다. 우리가 현실 세계에서 부자가 되어도 그들에게는 게임에서 부자가 된 것일 뿐이고, 우리가 현실 세계에서 세계 정복을 해도 그들에게는 게임에서 세계 정복을 한 것일 뿐이다.

모든 게 재밌고 소중한 하나하나의 경험인 것은 맞다. 하지만 게임 속에서 부자가 되거나 세계 정복을 한 것은 그들이 존재하는 본질적인 세계에 아무런 영향을 미치지 못한다.

일단 이 게임을 즐기는 과정을 차근차근 살펴보자.

본질적인 세계의 나는 게임에 접속하여 플레이할 캐릭터를 고른다. 캐릭터를 고를 때는 성별, 인종, 직업 등을 선택해야 한다. 캐릭터를 골랐다면 이제 이름을 부여하고, 게임을 시작한다.

게임 속 캐릭터는 말 그대로 고난의 행군을 하고 있을 것이다. 그렇지 않은가? 어떤 유형의 캐릭터를 생성했든 현실의 인생은 모두 나름의 고통과 시련을 겪기 마련이다.

게임으로 치자면 캐릭터는 사냥을 하고, 몬스터와 싸우고, 미션을 클리어해야 한다. 하나의 미션이 끝나면 다음 미션을 위해 이동도 한다. 배고픔을 느끼면 밥을 먹어야 하고, 지치면 쉬면서 에너지를 충전해야 한다. 게임 속 캐릭터는 여러 가지 경험을 한다. 또 죽기도 한다.

그러나 게임 속 일은 어디까지나 게임 속 일일 뿐이다.

캐릭터가 죽어도 본질적인 세계의 당신은 게임을 리플레이하면 그만일 뿐이다. 게임을 클리어한 뒤에는 다른 캐릭터를 생성하여, 빈털터리 상태로 게임을 다시 시작하기도 한다.

오로지 다채로운 경험을 추구할 뿐인 영의 입장에서는, 이전보다 악조건을 가진 캐릭터를 만들어 더 험난한 삶을 경험하며 유희를 얻고자 할 가능성도 있다.

이미 눈치 챘겠지만 본질적인 세계에서 게임을 즐기고 있는 나는 바로 '영'이다.

영과 당신은 하나의 존재이지만, 동시에 영은 당신과 전혀 다른 가치체계로 세상을 바라보는 별개의 주체이기도 하다.

영의 입장에서 현실의 부, 가난, 권력, 핍박은, 모두 동등한 경험의 대상일 뿐이다. 가난의 경험이 부의 경험보다 가치 없지 않다. 권력의 경험이 핍박의 경험보다 나을 것이 없다.

그렇기에 영은 때때로 가난 자체를 원하기도 하고, 핍박 자체를 바라기도 한다. 그것을 경험하기 위해서다.

물론 혼과 육의 입장에서 그것은 결코 피하고 싶은 대상 이겠지만 말이다.

상상을 통해 변화하는 영

영은 자신이 어떤 경험을 원하는지를 설정하고, 그에 따라 끊임없이 혼과 육의 현실을 창조한다.

그렇다면 영이 어떤 경험을 원하는지를 결정하는 것은 무엇일까?

그것은 바로 '상상'이다. 혼의 생각과 육의 감정으로 형성된 상상은, 영이 어떤 경험을 향해 달려갈지 방향을 제시한다.

다음의 그림은 이러한 관계를 잘 보여준다.

영의 역할은 혼과 육이 처한 현실을 창조하는 것이다. 그 러한 영이 무엇을 창조할지 방향을 제시하는 것은 상상이 다. 그리고 상상은 혼의 의도가 담긴 생각과 육을 통해 형성 된 감정 위에서 만들어진다.

혼과 육으로서 존재하는 우리가 현실을 변화시키고 싶다

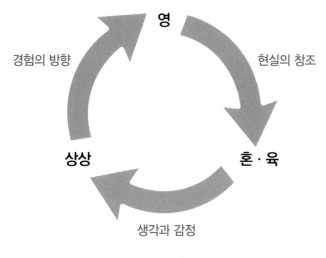

인생의 순환고리

면, 영을 원하는 방향으로 이끌 수 있는 상상을 해야 한다. 상상을 통해 방향을 제시한 뒤에는, 영이 스스로 우리의 현실을 바꿔 주길 기다려야 한다.

이 책에서 말하는 오더 Order 는 이러한 과정을 의도적으로 수행하는 것이라 할 수 있다. 상상은 우리가 주어진 처지에 따라 자연스럽게 이뤄지기도 하지만, 혼과 육의 기도를 통해 의도적으로 만들어 낼 수도 있다.

혼의 기도인 생각은 의도의 좌표이자 설계도면이다. 육의 기도인 감정은 상상의 에너지이자 창조의 재료이다. 이 둘의 기도가 하나가 될 때 경험의 방향을 제시하는 상상이 형성되고, 영은 상상에 맞는 현실을 창조한다.

성경에 보면 둘이 하는 기도에 대한 언급이 있다.

> 진실로 다시 너희에게 이르노니 너희 중에 두 사람이 땅에서 합심하여 무엇이든지 구하면 하늘에 계신 내 아버지께서 그들을 위하여 이루게 하시리라.
>
> _마태복음 18:19

물론 종교적인 관점에서 이 구절 속의 '두 사람'은, 실제로 존재하는 두 명의 사람으로 해석해도 무방하다. 하지만 상징적인 측면에서 해석하자면, 이 두 사람은 내 안에 있는 두 존재를 의미한다. 내 안의 두 존재, 즉 혼 생각과 육 감정이 하나가 되어 무엇인가를 구할 때 영이 그에 응답하여 창조한다는 것이다.

영을 변화시키기 위한 생각 및 감정과 그것의 결합으로 형성된 상상, 그것이 바로 오더 Order 이다.

성공한 사람과 그렇지 못한 사람의 차이

그렇다면 성공은 대체 어디서 오는 걸까? 무엇이 어떤 이로

하여금 위대한 삶을 살게 하는 걸까? 왜 어떤 사람들은 거대한 부를 이루고, 왜 어떤 사람들은 가난하게 살게 되는 걸까?

성공한 사람과 그렇지 못한 사람의 영·혼·육을 비교해 보자.

우선 영을 비교해 보자. 우리의 현실을 창조하는 영의 능력치는 각 사람마다 다른가?

그렇지 않다. 영이 가지고 있는 창조적 능력은 동일하다. 사실 모든 인간의 영은 본디 하나이기도 하다. 이 부분에 대해서는 Chapter 2의 '단일성'을 설명하는 과정에서 자세히 논할 것이다.

영은 단지, 어떤 상상의 이끌림을 받았는지, 그래서 어떤 경험을 추구하게 됐는지에 따라 창조하는 방향이 다를 뿐이다.

육의 경우는 어떨까? 사실상 우리는 모두 동일한 육체를 갖고 있다. 우리는 흔히 두뇌, 외모, 신장 등의 신체적 특징에 상대적 가치를 매기곤 하지만, 인간이라는 종을 놓고 봤을 때 육체를 통해 할 수 있는 개개인의 역량 차이는 그렇게 크지 않다.

우리는 모두 하루에 24시간만 살고 있고, 과로하면 피곤을 느껴 일정 시간 잠을 자야 한다. 배가 고프면 먹어야 하는 것도 똑같다. 즉, 육체적으로 할 수 있는 일의 양을 놓고 보면 별 차이가 나지 않는다.

또한 육은 감정이 발현되는 통로이기도 한데, 이러한 감정 자체는 육이 스스로 형성한 것이라기보다는 생각에 의해 조율되었다고 보는 편이 정확하다.

이런 관계로 육의 차이가 성공한 사람과 그렇지 못한 사람의 차이를 만들어 낸다고 볼 수는 없다.

그렇다면 이제 하나밖에 안 남았다. 바로 혼이다.

혼은 생각 그 자체다. 생각은 육의 오감을 통해 경험을 형성하고, 자신이 의도한 대로 육에 감정을 실으며, 의도하는 상상을 하며, 그를 통해 영과 소통하는 주체다.

우리는 생각을 통해 너와 나를 분리하고, 내가 원하는 것이 무엇인지를 인식하며, 성공에 대한 욕망을 갖는다. 이런 점에서 생각 즉, 혼은 '에고 ego'라 불리는 나의 정체성을 의미하기도 한다.

혼의 차이가 성공하는 사람과 그렇지 못한 사람의 차이를 만들어 낸다. 그렇기에 이 책에서 '당신'을 지칭할 때는 당신의 혼, 당신의 생각을 가리킨다고 보면 된다.

현실의
형성 과정

우리의 영은 우리의 현실을 창조한다.

그렇다면 영은 구체적으로 어떤 방법을 통해 현실에 간섭하는 걸까? 이에 대해 고찰하는 시간을 가져 보자.

에너지로 이뤄진 원자의 실체

영이 현실에 간섭하는 과정을 이해하기 위해서는 잠시 과학 수업을 시작할 필요가 있다. 물리학의 원자 및 전자와 관련된 이론들을 짚고 넘어가야 하기 때문이다.

알다시피 현실의 모든 것은 원자로 구성되어 있다.

당신의 몸 역시 쪼개고, 또 쪼개면 결국엔 원자가 된다. 지금 당신이 들고 있는 책 역시 쪼개고, 또 쪼개다 보면 원자 상태가 된다.

원자는 이 세상을 만든 주재료이자, 원자재다.

이러한 원자는 하나의 원자핵과 하나 이상의 전자들로 이루어져 있다. 그리고 원자핵과 전자 사이에는 거대한 빈 공간이 있다. 이 공간은 전체 원자 크기의 99.9999999999 58%로 이뤄져 있다.

학교 다닐 때 배운 드라이한 정보이지만 조금만 생각해 보면 신비롭기 그지없다. 우리 몸의 99.99999999958%는 비어 있다는 얘기이기 때문이다.

물론 이 공간이 완전히 비어 있는 것은 아니다. 그곳엔 거대한 '에너지장'이 형성되어 있다.

과학자들은 원자를 관찰하던 중 놀라운 사실을 발견했다. 원자핵 주변의 거대한 공간에서, 전자가 어떻게 움직일지를 도저히 예측할 수가 없는 것이었다.

전자들은 과학자들이 관찰하기 시작하면 어디선가 나타나 빛 알갱이의 형태를 유지했고, 관찰하지 않으면 다시 사라져 파동의 형태로 존재했다.

예전에, 학교에서 배운 원자 모형 기억나는가? 과학 교과서에는, 전자들이 원자핵을 중심으로 궤도를 그리며 돌고 있는 그림이 실려 있었다. 하지만 알고 보니 이 그림은 부정확한 것이었다. 전자들은 원자핵을 둘러싸고 있으나, 에너지 구름 형태의 파장으로 존재하기 때문이다. 관측을 한다고 해도 그 위치는 항상 불규칙하게 형성되어 있다.

이에 대해 양자 물리학자인 닐스 보어 Niels Bohr와 베르너 하이젠베르크 Werner Heisenberg는 '전자는 관찰되지 않는 동안 중첩된 상태로 존재하며, 관찰하기 시작하면 특정 상태로 결정된다'고 결론을 내렸다. 그 유명한 '코펜하겐 해석'이다.

즉, 원자의 대부분은 기본적으로 비물질인 에너지로 구성되어 있다는 얘기가 된다. 그러한 원자가 물질로 만들어질 때는 바로 '관측'할 때이다.

붓다가 밝힌 현실의 실체

이러한 원자의 성질에 따르면 우리가 살고 있는 현실의 99.99999999958%는 아무 것도 정해진 게 없는 셈이다. 우리가 관측하지 않는 공간은 실제로도 결정되지 않은 상태로 존재하며, 우리가 관측할 때에서야 그 공간은 무언가로 결정된다.

놀랍게도 2,500년 전의 세상을 살았던 붓다는 '이 세계가 우리의 관측으로 결정된다'는 사실을 알아차렸다.

붓다는 깊은 명상을 통해 세상의 진리를 실제로 보기 위해, '위빳사나Vipassana'라 불리는 고대 불교 수련법을 창시했다.

위빳사나에서 '빳사나'는 '보다'라는 의미인데, 거기에 '위'를 붙여 위빳사나라고 하면 '특별한 것을 본다'는 뜻을 지닌다. 정확히는 '자기 안의 실체'를 관찰하는 수행이다.

나 또한 2019년 무렵 위빳사나를 배운 적이 있다. 우리 나라에서는 진안에 있는 담마 코리아에서 위빳사나를 '고대 불교의 수행법'이라 하여 가르치고 있다. 담마Dhamma라는 명상 센터는 전 세계에 200개가 있는데 그곳에 가면 12일 동안 침묵을 하며 고대 불교의 수행법을 배우고, 체험할 수 있다.

다만 체험이나 수련법에 관한 이야기는 뒤에서 자세히 다루기로 하고 우선 다시 붓다의 이야기로 돌아가 보자.

붓다는 위빳사나를 통해 우리의 현실이 무엇으로 구성되어 있는지를 깨달았다.

그는 물질의 실제를 '아닛짜Anicca'라고 불렀는데 아닛짜는 고대 인도어인 팔리어와 산스크리트어에서 온 말로, '영원하지 않음' 또는 '변화함'이라는 뜻이다.

이것은 본질적으로 과학이 밝힌 원자의 속성과 같다. 원자 속의 전자들이 일어났다가 사라지고 사라졌다가 다시 생겨나는 등 고정되거나 결정된 것이 아닌 것처럼, 우리의 현실 또한 계속해서 변화한다.

붓다는 2,500년 전에 이러한 사실을 깨달은 것이다.

현실은 영이 투사한 이미지다

그러면서 붓다는 이처럼 변화하는 현실이 우리가 의도적으로 행한 생각·말·행동 즉, '카르마 Karma'에 의해 결정된다고 보았다.

현실을 관측할 때 우리는 이미 존재하는 대상을 있는 그대로 보는 것이 아니다. 그보다는 우리의 의도가 담긴 카르마를 현실에 '투사'하여 보는 것에 가깝다.

영이 현실을 창조한다는 것은 이런 의미다.

영은 우리의 현실에 우선하여, 우리의 현실에 대한 이미지를 갖고 있다. 거기에는 '나라는 존재에 대한 이미지'도 포함된다.

생리학에 따르면 모든 세포는 7년마다 한 번씩 교체된다. 10년이 지나면 이론적으로 모든 세포가 교환되었다고 봐도 무방하다. 세포 안에 있는 원자와 전자도 마찬가지다.

그렇다면 10살 때의 나, 20살 때의 나, 30살 때의 나는 실제로 같은 존재라고 말할 수 있을까? 40살 때의 나와 7살 때의 나는 물질적 측면에서 완전히 다른 존재이다.

하지만 우리는 같은 대상이라고 인식한다.

이것은 '나라는 존재에 대한 이미지'가 현실에 투사되고 있기 때문이다. 관측하지 않을 때에는 파동이었던 전자가 관측할 때는 입자로 나타나는 것처럼, 나의 영이 나라는 존재를 투사하니 서로 다른 물질인 7살의 나와 40살의 내가 동일한 존재가 되는 것이다.

그렇다면 다시 '현실이란 무엇인가?'라는 질문으로 돌아가 보자.

우리의 현실은 단단하거나 고정되어 있지 않다. 우리가 현실이라고 부르는 세계는 중첩되어 있고, 모호하며, 수많은 가능성으로 가득 차 있는 상태이다.

이 상태에서 우리의 영은, 자신이 갖고 있는 이미지로 매 순간 현실을 창조한다.

영은 위와 같은 방법을 통해 현실에 간섭한다.

내 안에
존재하는 믿음

영이 지닌 현실에 대한 이미지는, 우리가 흔히 알고 있는 '믿음'과 형태가 유사하다.

보통 믿음이라고 하면 종교에서 말하는 '신심信心'을 떠올린다. 그러나 사실 인간은 누구나 믿음을 가지고 있다. 신을 믿는 것이 아닌 우리의 현실을 믿는 것이다.

신의 존재에 대해서는 믿지 않는 자도 많지만, 자신의 현실이 존재함을 믿지 않는 자는 거의 없을 것이다. 대부분의 사람들은 오늘의 현실이 어떻게, 어떤 형태로 존재하는지 나름의 이미지를 갖고 있다. 그리고 특별한 일이 없는 한 오늘과 같은 내일이 펼쳐질 것을 굳게 믿고 있다.

다만 그 믿음이 너무 확고해서, 그것이 믿음인지조차 인식하지 못하고 있을 뿐이다.

믿음은 생각에서 기원한다

그렇다면 이러한 믿음은 어디에서 기원하는가?

신약성경 대부분을 집필한 천재 사상가인 사도 바울은 믿음에 대해 다음과 같이 말했다.

> 그러므로 믿음은 들음에서 나며,
>
> _로마서 10:17

사도 바울에 의하면 '믿음은 들음에서 난다'고 한다. 나는 이 말에 전적으로 동의한다.

다만 '타인의 말'을 듣는 행위로만 형성되는 것이 아니다. '자신의 말'을 듣는 행위 또한 믿음의 형성에 결정적인 역할을 한다.

우리가 무언가를 생각할 때, 우리는 그것을 듣게 된다.

예를 들어 '바다'라는 단어를 떠올려 보자. 바다라는 글자를 봤을 때 머릿속에서 어떤 작용이 일어나는가? 우선 'ㅂ, ㅏ, ㄷ, ㅏ'라는 자음과 모음이 눈에 들어온다. 그리고 그것을 발음하면 내가 기억하는 바다의 의미가 떠오른다.

눈을 감고 이 과정을 음미해 보자. 내가 '바다'라는 단어를 읽을 때, 내 속에 있는 누군가가 그 말을 듣고 있다는 것을 느낄 수 있다.

그렇다. 무언가를 생각할 때마다 우리는, 스스로에게 그 내용을 들려주고 있는 셈이다.

때문에 같은 생각을 반복하면 반복할수록 그 생각은 믿음이 된다. 영이 지닌 현실에 대한 이미지가 점차 선명해지는 것이다.

그리고 영은 그렇게 선명해진 이미지대로 현실을 창조한다.

오늘날 당신이 처한 현실은 당신의 반복적인 생각과 믿음이 반영된 결과라고 할 수 있다. 앞서 생각을 통해 영에게 방향을 제시한다고 설명한 것과 일맥상통하는 부분이다.

당신의 믿음을 변화시켜라

우리는 우리의 현실에 대해 잘못된 믿음을 갖고 살아가는 경우가 많다.

어렸을 때부터 우리는 부모에게서 많은 이야기를 들어왔다. 그런데 부모가 들려주는 이야기 중에는 바람직하지 못한 것들도 많다. 그저 부모의 경험을 바탕으로 한 하나의 주장일 뿐이다.

그러나 그 말을 계속 들어온 우리는, 어쩔 수 없이 그 말을 믿게 된다. 결국 그것은 우리의 현실이 된다.

어렸을 때 부모에게서 들은 말 중 지금까지도 우리를 조정하고 있는 믿음에는 어떤 것들이 있을까? 아마 이런 말을 들어본 사람이 많을 것이다.

절약해야 부자 된다.
돈 벌기가 어디 쉬운 줄 알아?

그런데 이 말들은 모두 사실일까?
전혀 그렇지 않다. 그것은 우리의 부모가 얻은 경험일 뿐이다.
하지만 긴 시간 반복해서 들어온 이 말들은 어느새 우리 마음 깊은 곳에 자리를 잡아, 믿음이 되어 있다.

절약해야지만 부자가 될 수 있다는 믿음이 마음속 깊이 뿌리내리면, 실제로도 근근하게 살아가게 된다. 돈 벌기가 쉽지 않다고 믿으며 살아가면, 돈에 대한 두려움을 갖게 된다.
그래서 점점 더 가난해지게 된다.
왜 그렇게 되는 건지 궁금하겠지만, 그 내용에 대해서는 뒷부분에서 조금 더 심도 깊게 다루기로 하자.

부모 외에도 우리에게 잘못된 믿음을 심어 주는 주체가 하나 더 있다.

바로 선생님이다.

집에서는 부모가 잘못된 믿음을 심어줬다면, 학교에서는 선생님들이 잘못된 믿음을 심어준다.

공부해야 성공한다.

이 또한 객관적인 사실이 아니다. 물론 공부를 잘해서 성공한 사람도 있다. 하지만 그렇지 못한 사람도 많다.

세상을 조금만 더 깊게 살펴보면, 성공한 사람들이 성공한 이유는 공부와 하등 상관이 없다는 사실을 발견하게 된다.

세계 최고의 발명가라 불리는 에디슨Thomas Edison 은 초등 교육에서조차 낙오된 둔재였다. 19세기를 살았던, 지구 역사상 가장 부자라고 불리는 앤드류 카네기Andrew Carnegie 역시 정규 교육과정을 밟지 못했다. 인류 역사상 가장 획기적인 발명품인 자동차를 만든 헨리 포드는 어떠한가? 그 또한 정규 교육과는 거리가 멀다.

이 사실만으로도 공부가 확실한 성공의 조건이 아니라는 건 증명되는 셈이다. 적어도 우리 모두가 일생을 걸어야 할

만큼 절대적인 가치가 아니라는 점은 명백하다.

그럼에도 불구하고 우리는 어렸을 때부터 들어온 '공부해야 성공한다'는 말을 의심하지 않고 받아들였다.

때문에 공부를 못했던 사람은 은연중에 '공부를 못했던 나는 성공할 수 없어'라는 믿음을 갖고 살아간다. 그의 영은 그를 성공하지 못하는 현실로 인도한다.

공부를 잘했던 사람도 별반 다르지 않다. 그는 '나는 공부 외에는 성공할 수 없어'라는 믿음을 갖고 살아간다. 그의 영은 그가 공부 외에 다른 방법으로 성공하는 현실을 차단시킨다.

이처럼 잘못된 믿음은 우리의 현실을 제한하기도 한다.

반대로 우리의 현실이 불만족스러울 때에는, 의도적으로 작금의 현실과 다른 생각을 하여 현실을 변화시킬 수 있다.

만약 우리의 믿음이 우리의 현실과 대치된다면 어떤 일이 벌어질까?

믿음은 바라는 것들의 실상이요, 보이지 않는 것들의 증거니.
_히브리서 11:1

성경에서는 믿음을 '바라는 것들의 실상'이자 '보이지 않는 것들의 증거'라고 말한다. 믿음이 어떤 대상의 존재보다 훨씬 더 실체에 가까우며, 어떤 대상이 존재하기 이전에 믿음이 그것을 증명한다는 것이다.

정리하자면 믿음이 존재를 이끈다는 얘기다.

설령 우리의 믿음이 우리가 처한 현실과 다르더라도, 우리가 그것을 꾸준히 믿는 한 현실이 믿음에 맞춰지게 되어 있다.

우리의 믿음이 우리의 현실보다 우선하기 때문이다.

1-4.

당신은 어떤 우주관을
갖고 있는가?

당신은 이 우주가 어떻게 시작되었다고 생각하는가? 흔히 말하는 창조론과 진화론에 대한 얘기다.

우주의 시작이 어떠했는지에 대해서는, 과학계에서도 아직 추측만 하고 있을 뿐이지 단정은 짓지 못하고 있다. 그러나 과학계는 적어도 창조론에서 말하는 우주가 6,000년 전 창조되었다는 말은 명백히 허구라는 믿음을 갖고 있다.

그렇다고 과학계에서 우주가 정확히 어떻게 시작되었는지 설명하고 있는 것도 아니다. 그저 '이럴 것이다'라고 추측하고, 그 중 하나의 가설을 믿고 있을 뿐이다. 이처럼 과학 또한 일정한 믿음 위에 성립된다.

다만 과학은 종교와 결정적으로 다른 점이 있는데, 새로운 사실을 발견할 때마다 기존의 믿음을 언제든지 바꿀 준비가 되어 있다는 것이다.

우주의 기원에 대한 세 가지 관점

우주가 어떻게 시작되었는지에 대한 가설 중 가장 널리 알려진 것은 '빅뱅 이론'이다.

많은 사람들이 빅뱅 이론을 과학자가 주창했다고 알고 있다. 성경에 기반한 창조론과는 반대되는 이야기이니, 그렇게 생각하는 것도 무리는 아니다.

하지만 사실관계는 정반대다. 빅뱅 이론은 과학자가 아닌 종교인이 한 발 먼저 주창했다.

빅뱅 이론의 기원은 1927년으로 거슬러 올라간다. 벨기에의 천문학자이자 가톨릭 사제인 조르주 르메트르가 처음 이 개념을 제안했는데, 당시 그는 우주가 팽창하고 있다는 것을 발견하게 된다.

르메트르는 별들을 관찰하다 적색 편이 현상이 일어나는 것을 포착했다. 적색 편이란 어떤 물체가 관찰자에게서 멀어질 때, 빛의 파장이 늘어나 실제보다 적색으로 보이는 것을 말한다.

그는 별들이 서로 멀어지고 있다는 점에 착안해 '시간을 거꾸로 돌리면 어떻게 될까?'라는 가정을 한다. 점점 멀어지고 있는 별들의 시간을 거꾸로 돌리면 점점 가까워질 것이었고, 마침내 아주 작은 하나의 점이 될 것이었다.

그는 이 작은 점을 '원시 원자'라고 불렀다.

정리하면 그는 원시 원자라는 아주 작은 하나의 점에서 우주가 시작되었다는 가설을 세운 것이다.

그러나 르메르트가 세운 이 이론은 과학계로 넘어와 진화론과 결부되면서, 오늘날 창조론을 부정하는 대표적인 과학 이론이 되었다.

그렇다면 종교는 '우주가 어떻게 시작되었는가?'에 어떻게 답하고 있을까?

대부분의 종교는 이런 질문에 답하는 창세 신화를 갖고 있다. 그러한 창세 신화들의 공통점은 신 혹은 그에 준하는 '거대한 힘'이 세상을 창조했다는 것이다.

그 중에 가장 유명한 것이 바로 성경의 창세기다.

성경에 따르면 하나님은 처음에 "빛이 있으라"라고 말했고, 이 말에서 우주가 창조되었다고 한다.

여기서 상상력이 필요하다.

아무것도 없는 공간과 시간 속에서 빛이라는 것이 창조되는 장면을 상상해 보라. 아마 그 빛은 아주 작은 점에서 시작해 폭발하듯 펼쳐지지 않았을까?

그런 점에서 창세기에 나오는 태초의 창조와 빅뱅 이론에서 말하는 원시 전자의 폭발은 닮아 있다.

우주의 기원에 대해서는 또 하나의 가설이 있는데, 바로 시뮬레이션 우주론이다. 그 요지는 우리가 살고 있는 이 우주가 하나의 시뮬레이션 프로그램이라는 것이다.

이는 앞에서 언급한 두 가지 우주론에 비해 비교적 최근에 나온 가설이라고 할 수 있다. 시뮬레이션 우주론은 스웨덴의 철학자 닉 보스트롬 Nick Bostrom 이 2003년 발표한 논문에서 처음으로 구체화되었다.

그는 빛의 속도에 한계가 있다는 점과 양자 얽힘 현상 등을 근거로, 우주가 외부에 의해 생성된 하나의 가상세계로 보인다고 주장했다. 두 현상은 가상세계를 유지하기 위한 규칙인 셈이다.

얼핏 보면 시뮬레이션 우주론과 창조론은 통하는 면이 있다.

만약 우리가 사는 우주가 시뮬레이션이라면 누군가가 그것을 만들었을 것이다. 그렇다면 그는 우리들에게 일종의 신이 되는 것이 아닐까?

또한 시뮬레이션 우주론은 빅뱅 이론과 통하는 면이 있기도 하다.

만약 이 우주가 거대한 컴퓨터 속에서 돌아가는 프로그램이라고 생각해 보자. 그 프로그램은 특정한 지점에서부터 우주를 구현하기 시작했을 것이다. 그리고 점차 우주의 크기를 키워나갈 것이다.

이런 점에서 지금까지 말한 세 가지 우주론은 서로 닮아 있다.

오더의 관점에서 바라보는 우주론

나는 이 세 가지 우주론이 공통적으로 보이는 하나의 결에 주목한다. 바로 우주를 만든 거대한 힘의 존재를 상정한다는 것이다.

이제부터는 오더의 관점에서 바라보는 우주론에 대해 말해 보려고 한다.

우주에는 거대한 힘이 있다. 이 힘은 우주 자체이자, 그 안을 구성하는 모든 것을 창조했으며 지금도 창조하고 있다. 이 거대한 힘은 본디 아주 작은 점으로 존재했으나, 어느 날 시작된 폭발을 계기로 우주가 되었다.

인류사의 여러 종교들이 자신들의 입맛에 맞게 신으로 부르며 숭배한 것은, 바로 이 거대한 힘을 가리킨다.

아이러니하게도 이 거대한 힘은 여러 종교에서 숭배되는 신들과 달리, 진정한 '신격神格'을 갖추고 있다.

반대로 말하면 여러 종교에서 숭배되는 신들은 사실, 신격을 갖추지 있지 못하고 있다는 얘기다.

흔히 많은 종교와 설화가 인격을 지닌 신을 묘사하는데, 그것은 조금만 생각해 보면 상당히 이상하다는 점을 알 수 있다.

인간이 지닌 인격人格을, 신이 가져선 안 되는 것은 지극히 타당하다. 만약 신에게 인격, 즉 인간과 닮은 구석이 있다면 거기서부터 그 신은 신이 아니게 된다. 호와 불호가 있고 감정이 있는 불안정한 상태의 어떤 존재가 이 우주와 만물을 유지할 수 있을까?

이는 신이라는 존재에 멋대로 인격을 덧씌우는 인간의 습성 때문이기도 하다. 신에 대한 인간의 무지는, 신의 이미지를 잡아가는 과정에서 인간 자신의 내면에 위치한 영의 존재를 투사하게끔 만들었다.

그렇다면 신이 지니고 있어야 할 신격이란 무엇일까?

바로 절대적인 사랑과 절대적인 질서다.

물론 신의 사랑은 인간이 하는 사랑과 큰 차이가 있다. 신의 사랑은 모든 존재에 대한 긍정이라고 할 수 있다. 신은 늘 사랑해야 하는 존재이기 때문에 선인과 악인을 가리지 않으며, 호와 불호를 판단하지 않는다.

신의 질서 또한 그러하다. 인격을 아득히 뛰어넘는 신격을 가진 신의 성품과 판단은, 언제나 질서 안에 존재해야 하며 누구에게나 공평해야 한다.

실제로 성경에서는 신을 '사랑과 질서의 하나님'이라 부르고 있기도 하다. 비록 성경 속 하나님은 인간적인 면모를 보일 때도 많지만, 기계적인 신격을 보일 때도 상당히 많다.

참고로 내가 이 책에서 신이라는 단어를 사용한다면 그것은 인격적인 신이 아닌, 진정한 신격을 지닌 거대한 힘을 가리키는 것이라 이해해 주기 바란다.

우주 곳곳에 깃든 신성

신 즉, 거대한 힘은 아주 작은 점에서 폭발한 우주 그 자체이기도 하다.

그래서 우주의 모든 곳에는 신성이 깃들어 있다. 우리 눈에 보이는 거시세계부터 눈에 보이지 않는 미시세계까지 우주의 모든 공간은 '신의 에너지장'으로 연결되어 있다.

이러한 개념은 러시아 핵물리학자 바딤 젤란드Vadim Zeland가 규정한 '가능태 공간'의 속성과 유사하다. 가능태 공간이란 무한한 가능성이 펼쳐진 정보의 장 혹은, 에너지의 장을 의미한다. 그에 따르면 가능태 공간에는 무수히 많은 현실이 중첩되어 있는데, 인간의 의지가 동할 때 특정 현실이 물질로 나타난다.

우리가 오더를 통해 나 자신과 주변의 현실을 바꾸는 것은 이러한 신의 에너지장에 나의 의지를 투영하는 행위이기도 하다.

만약 당신이 이 세상을 그저 우연에 의해 만들어진 객관적이며 물질적인 세계로만 인식한다면 오더를 내릴 생각조차 하지 않을 것이다. 아니, 오히려 오더라는 개념에 대해 말하는 것조차 어리석게 여길 것이다.

그렇게 믿고 산다면 당신은 자신이 가진 영적 창조능력을 사용하지 못한다. 그러면 현실의 장벽에 갇혀 그 현실을 더더욱 강화시키는 방향으로 살아가게 된다.

영의 창조능력을 사용하지 않으면 어떤 삶을 살게 될까?

오로지 육체의 능력으로만 살아가게 된다. 육체의 능력이라 하여 노동을 가리키는 것은 아니다. 육체의 능력으로만 산다는 것은 차원과 시간 속에 갇혀 살아간다는 걸 의미한다.

육체가 하는 일에는 한계가 있으며, 그만큼 보상도 작을 수밖에 없다.

반면, 이 세상은 결코 우연의 산물이 아니며, 어떤 거대한 힘이 작동하고 있다는 사실을 깨닫게 되면 어떻게 될까?

그 순간부터 당신은 그 힘을 사용할 수 있는 방법을 갈구하게 될 것이다.

그리고 힘의 작동 원리를 깊게 깨달을수록, 인생에서 기적이라고 불리는 일들을 자주 겪게 될 것이다.

물론 이것을 믿고 안 믿고는 어디까지나 당신의 몫이다.

당신은 어떤 우주관을 갖고 있는가?

Chapter 2

세 가지 법칙

무엇이 세상을
지배하는가?

이 우주에는 절대적인 법칙들이 존재한다.

당신이 그 법칙의 존재를 믿든 안 믿든 그 법칙들은 당신을 지배하고 있다.

그 법칙들을 알지 못할 때의 우리는 그 법칙들이 만들어낸 현상으로 인해 혼란을 느끼고 두려움을 느낀다. 그러나 그것을 알고 활용하면 혼란과 두려움에서 탈출할 수 있다.

진리를 알지니, 진리가 너희를 자유롭게 하리라.

_요한복음 8:32

모름지기 진리는 그것을 모를 땐 혼란의 대상이지만, 알고 나면 우리를 더 자유롭고 이롭게 하는 지혜가 된다.

우리는 관찰과 경험을 통해 그 법칙들을 발견할 수 있으며, 그 법칙들을 온전히 이해하면 그 힘을 이용할 수 있다.

예를 들어보자. 전기라는 것은 태초부터 존재했다. 하지만 그것을 발견하거나 이해하는 사람이 없었을 때 전기는 두려움의 대상이었다.

당연한 말이지만 전기가 무엇인지 아는 사람이 없다고 해서 전기 자체가 쓸모없는 것은 아니다. 다만 그 방법을 알지 못하기에 전기가 주는 혜택을 누리지 못했을 뿐이다.

시간이 흐르며 여러 과학자들이 전기를 연구했고, 여러 실험들을 통해 전기가 가진 속성과 법칙들을 깨닫게 된다. 그렇게 인류는 전기를 실생활에 사용할 수 있게 되었다.

이 우주에는 여러 가지 법칙들이 정말 많이 있다. 그중 영·혼·육으로 이뤄진 인간을 지배하는 법칙은 세 가지이다.

1. 영의 법칙 : 단일성
2. 생각혼의 법칙 : 대립성
3. 감정육의 법칙 : 공명

위 세 가지 법칙은 인간의 삶에 영향을 미치는 정도에 있어 동일한 중요성을 가진다. 그러니 영의 창조능력을 활용해 현실을 바꾸기 위해서는 세 법칙 모두를 활용할 필요가 있다.

자, 그럼 하나씩 알아보자.

영의 법칙 :
단일성

창조와 함께 단일성單一性은 영이 가지는 독특한 특성 중 하나다.

이 세상은 '신神'이라 불리는 거대한 힘으로부터 시작되었으며, 그로 인해 나를 포함한 이 세상의 모든 존재는 서로 영향을 주고받는 하나의 유기체로 연결되어 있다. 단일성은 이러한 영의 연결성을 가리킨다.

사실 깨달음을 추구하는 모든 종교들은 모두 이 단일성을 이루기 위해 존재한다. 흔한 영성가들과 신비가들도 '우리의 영은 모두 하나'라고 말하곤 한다. 이들은 나와 네가 하나라는 것, 나와 신이 하나라는 것 그리고 나와 이 우주 만물이 결국 하나라는 것을 주장한다.

우리가 만약 비유와 상징 혹은 찰나의 경험을 통해 이에 대한 깨달음을 얻으면, 그때부터 우리는 하나의 유기체로 존재하는 영의 힘을 이용할 수 있게 된다.

단일성은 이러한 법칙을 깨달은 존재가, 영의 힘을 활용하는 것 자체를 가리키기도 한다. 나라는 존재를 이루는 영 또한 신이라고 불리는 거대한 힘의 일원이라는 것을 깨달을 때, 우리는 그것을 활용할 자격을 얻게 된다.

신과 우리는 하나다

우리가 하나라는 논리는 어떻게 설명할 수 있을까? 비유를 통해 이해해 보자.

이 지구에는 거대한 바다가 있다. 지구 차원에서 볼 때 그 거대한 바다는 하나이다.

그 바다에는 파도가 친다. 파도가 칠 때마다 물방울이 공중으로 흩뿌려진다. 그때 파도로부터 나온 물방울은 독립된 개체가 되어 잠시 공중에 떠 있게 된다. 그리고 다시 바다 속으로 들어간다.

현재의 생을 파도의 물방울이라고 생각해 보자. 거대한 힘의 흐름 속에서 우리는 파도가 치듯 아주 찰나의 시간을 나라는 독립된 객체로 살아간다.

우주의 시간 속에서 인간의 80년은 찰나에 불과한 시간이다. 그 독립된 객체로서의 시간이 끝나면 우리는 다시 거대한 힘으로 돌아가 전체의 일부가 된다.

영에 대한 이야기 중 가장 감명 깊게 읽은 것은 경전이 아니라 한 편의 소설이다. 바로 앤디 위어Andy Weir가 2009년에 발표한 단편 소설 『더 에그』다.

소설의 내용을 간단하게 요약해 보면 다음과 같다.

한 남자가 집으로 가던 중 교통사고를 당해 신을 만난다. 이윽고 남자는 신과 대화를 하기 시작한다.

'자신은 이제 어떻게 되느냐'는 남자의 질문에, 신은 '기원후 540년 중국 소작농의 딸로 다시 태어날 것'이라고 말한다.

그 말을 들은 남자는 깜짝 놀란다.

신은 남자에게 당신은 이미 수많은 생을 경험했다고 말해 준다. 남자는 신에게 그 모든 것이 무슨 의미가 있냐고 묻는다.

신은 그 모든 것은 당신을 성숙시키기 위함이라고 대답한다.

남자는 인류의 성숙이냐고 다시 묻는다. 하지만 신은 인류는 없고, 이 세계에는 오직 당신과 나만이 존재한다는 충격적인 대답을 해 준다. 남자는 지구상의 모든 역사에 등장하는 모든 사람으로 환생하고, 그들의 삶을 경험하고 있는 중이다.

그러고 나서 신이 말한다. 그 모든 경험들을 다하고 나면 당신도 나와 같은 존재가 될 것이라고.

이 단편소설은 온라인에 전체 공개되어 있으니 꼭 한 번 읽어보길 바란다. 환생을 믿느냐 안 믿느냐 여부는 아무 상관없다. 중요한 것은 바로 내 영의 속성을 자각하는 것이다.

영은 왜 경험을 추구하는 것일까? 위 이야기는 이러한 질문에 대한 답을 해 준다. 경험을 통해 영은 성장 혹은 진화할 수 있기 때문이다. 우리의 영이 개별적으로 존재하든, 하나의 신으로 존재하든 각각의 경험을 통해 영은 진화하고 있다.

당신의 경험 속에 답이 있다

한편, 우리는 단일성을 이미 경험한 바 있다.

무엇인가에 빠져들어 집중하는 순간을 떠올려 보자.

예를 들어 당신이 그림을 그리느라 집중하고 있다고 하자. 당신은 어느 순간 스스로의 존재를 잊어버린다. 그럴 때 당신은 그림과 하나가 된다.

이를 불교에서는 '삼매三昧'라고 부르는데, 이는 산스크리트어 '사마디 Samādhi'에서 온 말로, 흔히 삼매경에 빠졌다고 할 때의 그 삼매이다.

삼매에 빠지면 어떤 일이 생길까? 독서 삼매경이라고 하면 그 사람은 책에 빠져 있는 것이다. 책에 빠져 있는 동안 그는 자신을 잊어버린다. 시간과 공간을 벗어나는 것이다.

앞서 밝힌 것처럼 시간과 공간으로 이뤄진 우리의 현실은 사실, 우리가 만든 허상이다. 삼매에 빠질 때 우리는 비로소 시간과 공간이라는 것 자체가 실체가 없다는 것을 알게 된다.

그로 인해 완벽한 행복을 느끼게 되는데, 여기서 행복이란 일체감을 말한다. 무엇도 부족하지 않음을 알게 된다는 의미로 받아들이면 된다.

불교에서 삼매라는 표현을 쓴다면, 기독교에서는 '성령 충만' 혹은 '은혜 받았다'는 표현을 쓴다.

성령 충만은 무엇인가? 신과 내가 하나라는 느낌을 받는 상태를 의미한다. 내 안에 신의 사랑이 가득 찬 느낌이라고 이해하면 된다.

그렇다면 내 안에 신이 가득 찰 때 무슨 일이 벌어질까? 바로 나라는 존재를 잊어버리고, 신이라는 거대한 사랑만 인식하게 된다. 이럴 때 기독교에서는 성령 충만하다, 혹은 은혜 받았다는 표현을 사용한다.

종교 외적으로 단일성을 느끼는 순간은 누군가와 사랑에 빠졌을 때이다.

사랑에 빠진다는 것은 무엇일까? 나라는 존재를 잊고, 오직 내가 사랑하는 존재만으로 가득 찬 상태가 된다.

사랑에 빠진 사람들에게 이 세상은 완벽해 보인다. 사랑하는 존재가 있다는 것만으로 그들은 구원을 받았다고 느낀다.

단일성은 우리의 영이 갈망하는 최종적인 목표이다.

그것은 영의 법칙이기에 오로지 영적 자각 혹은 영적 의식을 통해서만 도달할 수 있다. 이를 놓치고 다른 방식으로 도달하려 할 때 사람은 좌절하게 되기도 한다.

그렇다면 우리가 이러한 단일성을 놓치게 만드는 원인은 무엇일까? 바로 두 번째, 생각의 법칙인 '대립성'이다.

생각의 법칙 : 대립성

생각의 법칙인 대립성對立性은 어떠한 가치와 그에 반대되는 가치 사이에서 현실을 인식하는 우리의 사고방식을 가리킨다. 이는 영의 세계에는 없는 이 세상만의 독특한 개념이자, 경험이라는 게 오로지 이 세상에서만 가능한 이유이기도 하다.

예를 들어 우리가 빛이라는 개념을 알기 위해서는 어둠의 개념을 알아야 한다. 건강이라는 개념을 알고 경험하기 위해서는 병약이라는 개념이 필요하다. 부라는 개념을 알기 위해서는 가난이라는 개념이 필요하다. 행복하다는 것을 경험하기 위해서는 불행이라는 것을 알아야 한다.

이처럼 이 세상의 모든 가치와 우리의 모든 생각은 대립되는 두 개념 위에 존재한다.

풍요와 결핍으로 바라본 세계

대립성에 따라 서로 반대되는 가치들은 모두 '풍요와 결핍'이라는 하나의 기준으로 구분할 수 있다. 풍요는 '인간의 생존'이라는 관점에서 우리가 추구하는 방향이고, 결핍은 우리에게 문제가 되는 방향이다.

부라는 풍요 상태가 있다. 가난이라는 결핍 상태가 있다.
건강이라는 풍요 상태가 있다. 병약이라는 결핍 상태가 있다.
사랑이라는 풍요 상태가 있다. 증오라는 결핍 상태가 있다.
행복이라는 풍요 상태가 있다. 불행이라는 결핍 상태가 있다.

이처럼 우리의 생각은 자신의 생존이라는 관점에서 호와 불호를 나누고, 선한 것과 악한 것을 판단한다. 그렇기에 삶에 대한 욕망을 갖는다.

구약성경에는 아담과 하와가 선악과를 따먹고 에덴동산에서 추방당하는 이야기가 나온다. 최초의 인류인 아담과 하와는 '신과 같아질 수 있다'는 뱀의 꼬임에 넘어가 선악과를 먹었고, 선과 악을 구분하게 되니 신의 노여움을 샀다.

여기서 '선과 악을 구분하게 됐다'는 말은 흔히 '무엇이 선한 것이고 무엇이 악한 것인지를 알게 됐다'는 의미로 해석된다. 그러나 대립성의 관점에서 이 구절의 의미는 '어떠한 대상을 선한 것과 악한 것으로 구분 짓기 시작했다'고 볼 수 있다.

신의 형상대로 만들어져 영의 성질만 갖고 있던 인간이, 대립성을 인식하여 영의 성질에서 멀어진 것이다.

우리의 생각은 결핍에 집중하는 특성이 있다. 생존을 위한 걱정에 초점이 맞춰져 있기 때문에 우리는 늘 불안하다.

이와 달리 영은 풍요와 결핍이라는 두 가지 상태를 구분하지 않는다. 현실의 상태를 있는 그대로 바라볼 뿐, 풍요에 매몰되지도 않고 결핍을 두려워하지도 않는 것이다.

영은 그저 창조할 뿐이다. 우리가 영의 창조능력을 사용하길 원한다면 영과 같이 현실을 바라봐야 한다.

결핍에서 발생하는 에너지

생각이 만들어 내는 모든 두려움들은 영적인 측면에서 본다면 모두 허상이다.

힌두교 경전 『우파니샤드』 3장에는 이런 이야기가 나온다.

심장의 비밀스러운 동굴 속에 에고 의식과 지고한 참 자아 이

두 존재가 함께 머물고 있다.

에고 의식은 잠시도 멈추지 않고 쓴 열매와 단 열매를 번갈아 따먹으면서 쓴 것은 싫어하고 단 것은 좋아하는 희비애락의 파도를 타고 있다.

그러나 지고한 참 자아는 무엇이 일어나도 좋아하거나 싫어하지 않고 그저 지긋이 바라보고 있다.

에고 의식은 어둠 속에서 무언가를 열심히 갈망하고 있다. 하지만 참 자아는 빛 속에서 조용히 지켜보고 있다.

_우파니샤드 3:1

우리가 사는 세계에는 반드시 두 가지 개념이 동시에 존재한다. 우리가 그 중 어느 한 가지에 집착할 때 우리의 생각은 왜곡된 현실의 단면만을 바라보게 된다.

그러면 영의 법칙인 단일성은 깨지게 되고 우리는 영의 힘을 사용할 수 없게 된다.

그러나 우리가 항시 두 가지 개념을 동시에 의식하면서 모든 것을 창조의 원료로 쓴다면, 우리는 원하는 현실을 창조할 수 있다.

핵심은 의식하는 것이다.

대부분 원하지 않는 것이 너무 자극적이기에 거기에 많

은 주의를 기울이고, 자동적인 반응을 한다. 그 습관을 버려야 한다.

어떻게 그 습관을 버릴 수 있을까? 바로 관조하는 것이다. 원하지 않는 것을 마주쳤을 때 즉각적 반응이 아니라, 그것을 관찰한 후 내가 원하는 것은 무엇인지를 떠올려 보는 것만으로도, 결핍의 함정에서 간단히 벗어날 수 있다.

대립성을 가장 잘 표현하는 상징이 바로 태극 문양이다. 태극 문양을 보면 서로 다른 두 가지 기운이 공존하는 모습을 볼 수 있다. 그것들은 각각 존재하는 것이 아니라 서로 대립하지만 또 보완하면서 존재한다.

이러한 이치를 조금 더 실천적인 관점에서 바라보자.

모든 꿈과 열망의 자원이 무엇인지 아는가? 예를 들어 '부자가 되고 싶다'는 열망은 어디에서 생겨날까? 바로 그 반대편인 가난에서 생겨난다. '성공하고 싶다'는 열망은 어디에서 생겨날까? 바로 실패에서 생겨난다. 모든 결핍은 사실 거대한 에너지원이다.

그러나 우리가 그 결핍에만 집중할 때, '이건 나쁜 거야!' 혹은 '이건 너무 싫어!', '이런 것은 용납할 수 없어!'라고 생각할 때, 우리의 의식은 풍요를 보지 못하고 결핍에 빠지게 된다.

그때 우리에게 필요한 것은 '내가 원하는 것은 무엇인가?' 라는 질문이다. 이 질문을 통해 우리는 결핍에서 빠져나와 풍요를 바라볼 수 있다.

우리는 의도적으로 대립성을 인식할 수 있다. 또한 의도 적으로 우리의 의식을 풍요의 영역에 둘 수 있다. 결핍에 빠 져 대립성을 인식하지 못하고 있을 때 우리의 생각은 걱정 과 염려라는 함정에 빠진다. 그리고 그 함정에 빠질 때, 우리 는 원하지 않는 현실을 창조하는 우를 범한다.

'부자가 되고 싶다'라고 생각하면 부유하게 살고 싶다는 열망과 함께 가난에 대한 두려움이 동시에 생겨난다. 성공 을 생각할 때도 성공에 대한 확신과 실패에 대한 의심이 함 께 생겨난다. 그 모든 것은 사실 하나의 개념에서 파생된 것 이다.

그래서 우리는 의식적인 측면에서 이 두 가지를 모두 인 식하는 훈련을 해야 한다. 그리고 결핍이 아닌 풍요에 집중 하는 연습을 해야 한다. 결핍을 인식할 때마다 '그래서 내가 진정으로 원하는 것은 뭐지?'라는 질문을 통해 나의 의식을 풍요에 가져다 두어야 한다.

내가 투쟁하고, 반대하는 것들, 내가 억누르고 있는 모든 것들은 결핍의 에너지를 만든다. 그것들은 스스로 사라지지 않는다. 그것들은 내 의식이 닿지 않는 곳에서 점점 거대한 부정적 에너지로 축적된다.

무언가를 원하여 기도를 하면 반대로 이루어지는 경험을 해 본적이 있을 것이다. 정말 간절히 원하면 오히려 실패하는 경험도 해 봤을 것이다. 무엇인가 반드시 해야 된다고 생각하면 오히려 그 일을 못하게 되는 경우 역시 있었을 것이다.

이 모든 것이 결핍에 집중되어 있는 상태에서 부정적 에너지로 인해 발생한 현실이다.

진짜 긍정을 구분하라

여기에서 우리는 '진짜 긍정'과 '긍정처럼 보이는 부정'에 대해 알게 된다.

'부자가 되고 싶다.'
'살을 빼고 싶다.'

이 두 문장을 보자. 어떻게 보이는가? 긍정처럼 보이는가?
하지만 대립성의 측면에서 저 두 문장은 결핍에 집중되어 있는 상태이다. 부자가 되고 싶다고 말하는 순간 나는 지금

부자가 아니라는 자각이 함께 생겨나기 때문이다. 만약 이것이 현실로 이루어진다면 어떤 현실일지 생각해 보자. '부자가 되고 싶어지는 현실'일 것이다.

살을 빼고 싶다는 말도 마찬가지다. 살이라는 것에 집중하고 있기 때문에 결코 성공할 수 없다. 애초에 내가 집중하고 있는 영역이 결핍의 영역에 들어있는 것이다.

'살이 너무 많이 쪘어'라는 결핍을 인식했다면 다음과 같이 질문을 해야 한다. '내가 진정으로 원하는 것은 뭐지?' 그러면 우선은 '살을 빼고 싶어'라는 결핍에서 기반한 답변이 나올 수 있다.

이때 다시 한번 그 질문을 가지고 풍요의 측면에서 생각해 보라. 그러면 다음과 같은 생각을 할 수 있다. '건강하고 아름다운 몸을 가지고 싶어.'

말장난처럼 보이지만 오더의 관점에서 '살을 빼고 싶어'와 '건강하고 아름다움 몸을 가지고 싶어'의 결과는 엄청나다. 우선 그려지는 이미지가 다르다. 그리고 무엇보다 결핍의 영역이 아닌 풍요의 영역에 주의를 둔다는 것이 가장 큰 차이이다.

오더는 생각과 감정이 하나가 될 때 내려지는 상상에 대한 영의 응답이라고 말했다. 생각의 특성인 대립성을 모른

채 무언가를 간절히 상상하면 영에게 엉뚱한 기도를 할 수
도 있다.

차차 살펴보겠지만 감정의 법칙인 공명까지 이해하게 되
면, 그동안 왜 내가 원하지 않았던 현실들이 내 삶 속에 펼
쳐졌는지를 보다 명확히 알 수 있다.

감정의 법칙 :
공명

마지막, 감정의 법칙은 공명共鳴이다. 공명은 진동하는 현상 자체를 가리키기도 하고, 물질과 물질 간에 파동을 주고받거나 교감하는 현상을 가리키기도 한다.

물질로 이뤄진 인간의 육체와 물질로 이뤄진 현실은 서로 영향을 주고받으며 공명을 하는데, 이를 매개하는 것은 바로 에너지다.

우리는 자신의 육체를 에너지로 변환시켜 현실에 영향을 줄 수 있고, 반대로 현실의 에너지에 영향을 받아 변화할 수도 있다. 이때 그 에너지는 감정의 형태로 발산된다.

물질과 에너지의 주파수

천재 과학자 아인슈타인 Albert Einstein 은 질량과 에너지가 서로 변환 가능하다는 것을 증명했다. 우리가 익히 들은 바 있는 과학 공식 'E=mc²'가 이러한 관계를 나타내는데 'E'는 에너지를 뜻하며, 'm'은 질량, 'c'는 빛의 속도를 뜻한다.

에너지라 하면 흔히 빛과 열, 전자기파 같은 것들을 떠올릴 수 있다. 이들의 공통점은 높은 주파수로 진동하고 있다는 것이다.

그런데 사실, 물질 또한 에너지처럼 진동하고 있다는 걸 알고 있는가? 에너지에 비해서는 무척 낮지만 물질 또한 나름의 주파수를 갖고 진동하고 있다. 세슘-133 원자는 초당 91억 9,263만 1,770번 진동하는데, 이는 과학계에서 1초를 정의하는 기준이 되기도 한다.

이러한 사실들은 이 우주에 존재하는 모든 것들이 고유의 진동 주파수를 지니고 있다는 점을 말해 준다.

또한 모든 주파수에는 그것을 발산하는 대상의 정보가 담겨 있다. 우리의 뇌는 전자기장인 '뇌파'를 방출한다. 비록 눈에 보이지는 않지만 이 뇌파 안에는 많은 정보가 담겨 있다.

그리고 우리의 심장은 뇌보다 5,000배나 강력한 자기장을 방출한다. '혈압파'라 불리는 이 파동은, 우리가 흔히 아는 맥박과 함께 울리지만 맥박과는 별개로 울리는 파동이다. 혈압파는 맥박과 마찬가지로 심장에서 온 몸으로 구석구석 퍼지는데, 이는 몸 전체를 감쌀 뿐 아니라 멀리서도 자기계라는 탐지기를 통해 측정이 가능하다.

이 혈압파에는 우리가 느끼는 감정이 담겨 있다. 혈압파를 통한 감정의 전달은, 육체가 현실에 에너지를 전달하는 가장 큰 통로이기도 하다.

축복, 자유, 사랑, 기쁨, 감탄, 감사와 같은 감정은 높은 주파수를 가지고 있어, 우리에게 상쾌하고 가벼운 느낌을 전달한다.

반대로 고통, 괴로움, 수치심, 죄책감, 두려움, 분노와 같은 감정은 낮은 주파수를 가져, 우리에게 답답하고 무거운 느낌을 전달한다.

그 이유는 밝은 감정의 경우 육체의 주파수와 현실의 주파수가 조화롭게 공명할 때 발생하고, 어두운 감정의 경우 육체의 주파수와 현실의 주파수가 어긋나 공명이 이뤄지지 않을 때 발생하기 때문이다.

주파수에 의해 현실이 바뀐다

두 종류의 감정은 확연히 다른 주파수를 보내기에, 같은 공간에 다른 종류의 주파수를 가진 사람이 있으면 자연스럽게 감지할 수 있다.

공명의 핵심은 비슷한 주파수를 가진 사람과 비슷한 주파수를 가진 현실을 끌어들인다는 점이다. 또, 서로 다른 주파수를 발산하는 사람, 서로 다른 주파수를 발산하는 현실은 멀어지게 한다.

고로 이 법칙은 세간에서 '끌어당김의 법칙', 혹은 '유인력誘引力의 법칙'이라고도 불린다.

예를 들어 매우 화가 난, 그러나 티를 내지 않는 사람이 방문을 열고 들어온다고 해 보자. 그가 아무런 말을 하지 않아도 주변 사람들은 그의 감정을 느낄 수 있다. 즐거운 감정을 갖고 있던 사람들은 점차 그와 함께 있는 자리를 피하게 된다.

현실의 주파수 또한 마찬가지다. 밝고 높은 주파수를 발산하는 사람에게는 동일하게 밝고 높은 주파수를 가진 현실이 끌려온다. 반대로 어둡고 낮은 주파수를 발산하는 사람에게는 동일하게 어둡고 낮은 주파수를 가진 현실이 끌려온다.

혹은, 더 큰 에너지를 가진 사람의 주파수가 더 작은 에너지를 가진 사람의 주파수를 변화시키기도 한다.

약간 언짢은 일이 있다가도 높은 주파수의 에너지를 뿌리는 사람을 만나면, 언짢음은 사라져 버리고 상쾌한 기분을 느낄 수 있게 된다.

혹은, 기분 좋은 상태였다가도 더 강하면서 낮은 주파수의 에너지를 발산하는 사람이 주변에 오면, 다 같이 무겁고 우울한 감정을 느끼게 된다.

우리가 무언가에 대해 생각하고, 감정을 느낄 때 그것들은 우리 몸의 다양한 파동을 통해 방출된다. 그리고 그 파동 안에 담긴 주파수, 즉 정보는 주변에 영향을 미쳐 새로운 현실을 만들어 낸다.

그렇게 만들어진 현실들이 내 눈 앞에 펼쳐지고 있는 것이다.

항상 기뻐하라. 쉬지 말고 기도하라. 범사에 감사하라.
_데살로니가전서 5:16~18

그러므로 내가 너희에게 이르노니 목숨을 위하여 무엇을 먹을까 무엇을 마실까 염려하지 말고 몸을 위하여 무엇을 입을까 염려하지 말라.

_마태복음 6:25

우리는 깨어 있는 동안 수많은 생각을 하고 감정을 느낀다. 그리고 그 생각과 감정은 계속해서 우리 주변의 현실을 만들어 간다.

우리는 현실을 통제할 수 없지만, 생각과 감정을 통제할 수는 있다. 어떠한 생각을 할지 결정할 수 있다. 어떠한 감정을 느낄지 결정할 수 있다.

이는 내가 나의 현실을 결정할 수 있다는 말과 동일하다.

생각과 감정의 연동, 상상

생각은 좌표이다. 우리는 생각을 통해 무엇을 창조할지 결정할 수 있다. 당신이 어떤 것을 생각한다는 것은, 당신의 영이 그것을 바라본다는 것을 의미한다.

감정은 창조의 에너지다. 생각을 통해 입력한 좌표에 영의 창조능력을 발산시키기 위해서는 고양된 감정, 즉 높은 주파수의 에너지가 필요하다. 만약 당신이 세운 목표에 생각을 집중하더라도 감정의 주파수가 낮은 상태라면 목표를 이룰 수 없다.

생각을 통해 좌표를 맞추고 높은 주파수의 감정으로 영의 창조능력을 발산시키는 상태, 이를 '상상'이라고 한다. 즉, 우리는 상상을 통해 원하는 목표를 현실화할 수 있다.

상상은 무엇이든 자유로운 영의 영역에서 이뤄지는 행위이다. 지금 바로, 내가 원하는 것이 이루어진 상태로 들어가게 되는 것이다. 그렇기에 상상은 직접 체험하는 것과 다를 바 없이 진행된다.

상상을 하면 나의 목표와 바람이 이뤄진 현실이 펼쳐진다. 그로 인해 나의 영은 일시적으로 우주와 하나가 되는 단일성을 이룬다. 이때 영의 창조능력이 발휘되어, 아직은 내 목표가 이뤄지지 않은 실제 현실에 영향을 미치게 된다. 영의 창조능력은 이렇게 작동한다.

부자가 되고 싶다고 갈망하는 것이 아니라 부자가 된 상상을 해야 한다. 건강해졌으면 좋겠다고 희망하는 것이 아니라 건강한 사람이 된 상상을 해야 한다. 내가 바라는 것을 갈망하거나 희망하는 것이 아니라, 지금 이 순간 그 존재가 되는 것이다.

내 목표를 명확하게 생각하고 그 목표가 이뤄졌을 때의 고양된 감정을 느낄 때 영은 새로운 현실을 창조해 낸다.

그것이 바로 오더다.

Order

Chapter 3

오더의 원리

3-1.

우리의 소망을
가로막는 것

우리가 어떠한 목표를 이루기 위해서는 얼마의 시간이 필요할까?

예를 들어 대학 강단에 서서 강의를 하는 교수가 되기 위해서는 얼마의 시간이 필요할까? 아마도 당신은 학위를 취득하고 강의를 진행할 만한 스펙을 갖추기 위해 상당한 시간이 필요하다고 생각할 것이다.

그러나 오더의 관점에서 이는 올바른 생각이 아니다. 이러한 생각은 오히려 '그런 시간들을 채워야만 교수가 될 수 있는 현실'을 창조하게 된다.

당신의 소망이 지연되는 원인은 재능이나 조건이 아니다. 당신의 소망을 지연시키는 것은 당신 스스로 만든 '제한신념'들뿐이다.

이러한 신념을 버리면 어떤 일들이 생길까? 당신의 생각이 지닌 제한신념이 없어지는 순간 당신이 원하는 일은 그 즉시 이루어진다!

하루아침에 교수가 되다

2017년의 일이다. 당시 나는 NLP Neuro Linguistic Program, 신경 언어 프로그램 자격 과정을 듣고 있었다. 지금은 사업 파트너가 된 『부의 역설』 강범구 작가가 한국상담협회에서 NLP 자격 과정 1급을 진행하고 있었을 때였다.

나는 NLP를 배우며 스스로의 삶 속에서 이런 저런 실험을 하고 있었다. 마침 과정 중에 교수에 관한 이야기가 나왔는데, 당시 나의 드림 리스트에는 '교수 되기'가 있기도 했다.

그래서 나는 강범구 작가와 교수 되기에 대한 이야기를 나눴다. 아래 대화는 강범구 작가와 나의 문답이다.

"교수가 되려면 어떻게 해야 할까요?"

"음…. 교수가 되려면, 학위를 더 따고, 이것저것 스펙을 쌓아야겠죠. 한 5년 정도 걸리겠네요."

"지금 바로 되지는 않을까요?"

"???"

"지금 교수가 되었다면 어떤 느낌일까요?"

"신기하고 기분이 좋을 거 같아요."

"교수가 되었을 때 어떤 말을 들어보고 싶으세요?"

"교수님 수업은 정말 최고예요! 라는 말을 들어보고 싶네요."

"그러면 기분이 어떨까요?"

"너무 행복할 거 같아요."

이런 질문과 답변이 오갔는데, 신기하게도 2주 뒤에 모르는 번호로 전화가 한 통 왔다. 한국영상대학교였다.

그 당시 나는 여러 대학교를 다니며 특강을 다니고 있었다. 그래서 처음 전화가 왔을 때 당연히 특강 요청이라고 생각하고 전화를 받았다.

"조성민 작가님이신가요?"

"네, 그렇습니다."

"혹시 독서와 토론 강의를 맡아 주실 수 있으신가요?"

"물론이죠. 언제 가면 될까요? 당연히 특강이라고 생각하며"

"○월 ○일까지 와 주셔야 합니다. 계약서 써 주셔야 하고, 커리큘럼도 만들어 주셔야 하는데 가능하실까요?"

"네? 혹시 특강 요청이 아닌가요?"

"아, 저희가 이번에 독서와 토론 과정을 신설하는데, 그 과목에 외래교수님으로 모시고 싶습니다. 가능하실까요?"

그렇게 나는 교수가 되었다. 외래교수였지만 말이다. 나는 '독서와 토론'이라는 새로운 교양과목을 개설했고, 3년간 240명이 넘는 학생들을 가르쳤다.

물론 학기가 끝날 때마다 '교수님 수업은 최고예요!'라는 말을 듣기도 했다.

그 뒤 한국영상대뿐 아니라 우송대와 충청대에서도 초빙 형태로 교수직을 수행했다.

나는 아직도 이 일들만 생각하면 어안이 벙벙하다. 나는 그저 '오더'를 내렸고, 그것을 '허용'했을 뿐이었다.

외래교수로 재직하고 있던 시기 한번은 친한 친구네 집에 놀러 가게 되었다.

친구 와이프는 홍익대학교 출신으로 박물관 큐레이터를 했었으나, 결혼을 하고 아이를 낳은 뒤에는 직장을 그만두고 있었다. 내가 방문했을 때는, 이제 아이도 어느 정도 키웠으니 어떤 일을 해야 할지 고민 중이었다고 한다.

그런 얘길 들은 나는 친구의 와이프에게도 교수를 해 보라고 제안했다.

그러자 그녀는 말도 안 되는 소리 하지 말라며 웃어 넘겼다. 교수를 하려면 적어도 미국에 유학을 다녀오는 등 여러 가지 스펙들이 필요한데, 자기는 지원조차 할 수 없는 조건이라고 딱 잘라서 말하는 것이었다.

그때 나는 참 놀라운 일이라는 생각을 했다. 대학 교수를 해 보라고 제안한 내가 이미 대학 교수였기 때문이다.

사실 나와 그녀의 스펙을 놓고 따지면, 하늘과 땅 차이라고 할 만큼 친구의 와이프가 압도적으로 좋았다. 하지만 그녀는 스스로 자신은 '교수가 될 수 없다'고 딱 잘라 말하고 있었다.

단호함마저 느껴졌던 그녀의 말은 분명 오더였다. 스스로 교수가 될 수 없는 환경을 창조하고 있는 오더 말이다.

우리의 오더를 가로막는 제한신념

앞서 나는 나의 오더를 '허용'했다고 말했다. '허용'이란 내가 가진 '제한신념'을 내려놓는 것을 뜻한다.

제한신념이란 영어로는 '콤플렉스Complex'라는 단어와 의미가 상통한다. 콤플렉스는 'com-함께'과, 'plek묶다'이라는 어원으로 이뤄져 있는데, 이것을 문자 그대로 풀어보면 '함께 묶여 있다'를 뜻한다.

자신의 능력을 과소평가하고, 자신의 한계를 긋는 잘못된 인식과 함께 묶여 있을 때 우리는 콤플렉스 즉, 제한신념의 지배를 받게 된다.

아무리 무언가를 원한다고 해도 자기 스스로 그것을 허용하지 않는다면 결코 눈앞의 현실이 될 수 없다. 허용하지 않는 것 또한 강력한 오더이기 때문이다.

교수가 될 수 있는지 없는지는 어느 쪽이 옳다고 판별될 문제가 아니다. 그저 자신이 결정한 현실대로 펼쳐질 뿐이다. 우리의 영은 어떤 현실이든 창조할 수 있기에, 창조에 있어 옳고 그른 것은 없다.

우리는 스스로의 현실이 마음에 들지 않을 때 '이것은 잘못된 것이야!' 라고 생각한다. 하지만 그 현실은 그저 스스로에게 내린 오더의 결과일 뿐이다.

그렇기에 그 무엇도 자신이 불행하다고 생각할 필요가 없다. 오히려 '이 현실은 내가 만든 것이구나!'라고 깨달아야 한다. 또한 깨달음과 동시에 내가 원하는 현실을 창조해 나가야 한다.

우리나라에는 특히 '학력 콤플렉스'를 가진 사람이 많이 존재한다. 나 또한 군대에 가기 전까지 학력 콤플렉스에 묶여 있던 시절이 있었다.

그러다 군대에서 학력 콤플렉스가 사라져 버리는 일을 경험했다. 나에게 그것이 말도 안 되는 환상이라는 것을 알려준 사람은, 아이러니하게도 서울대 출신의 소대장이었다.

당시 나는 공군 헌병 병장으로 전역을 2주 앞둔 상황이었는데, 새로 부임한 신입 소대장을 교육하는 일을 맡게 되었다.

병장이 장교인 소대장을 교육한다는 게 이상해 보이겠지만, 신참 소대장 또한 병영 생활 및 여러 문화를 모르긴 마찬가지였기에 필요한 과정이었다. 그런 취지에서 나는 소대장과 2층에 있는 내무실을 같이 쓰게 됐다.

공군 헌병에 오는 소대장들은 대부분 서울대 법대 출신들이다. 보통 사법고시에 계속 떨어지다가 나이가 차서 어쩔 수 없이 오게 되는 경우가 많은데 어쨌든, 그 신입 소대장과는 같은 내무실을 쓰며 자연스럽게 친해졌다.

그러던 어느 날 밤 소대장이 하소연하듯 자신의 속마음을 이야기한 적이 있다.

"조뱀 공군에서 병장은 뱀이라고 부르곤 한다."
"네."

"나는 참 멍청한 거 같아…".

"소대장님이 멍청하시면, 저는 죽어야죠."

"아니야, 조뱀. 나는 진짜 멍청해."

소대장은 지금까지 살면서 단 한 번도 1등을 놓쳐본 적이 없었는데, 서울대 법대에 가서 처음으로 1등을 못해 봤다고 한다. 게다가 아무리 따라 잡으려 해도 따라 잡을 수 없는 격차까지 느끼니 그것이 참 굴욕적으로 느껴졌다고 한다.

정말 진심으로 하는 말이라는 게 느껴졌다.

다시 한 번 말하지만 감정이 담긴 모든 생각은 오더가 되어 현실이 된다. 그 신입 소대장은 서울대에 입학한 후 1등이 아닌 현실을 처음 경험했고, 그 경험에서 벗어나지 못한 채 자신이 원치 않는 오더를 너무 많이 내리고 있었다.

나는 그 소대장과 대화를 하면서 새로운 사실들을 깨달았다. 콤플렉스라는 것은 그저 자신이 만든 환상이라는 점이었다. 서울대 법대에 다니는 사람도 엄청난 콤플렉스가 있다는 것을 발견하면서, 나의 학력에 대한 콤플렉스는 그 즉시 사라져 버렸다.

우리나라 최고 학부인 서울대 법대에 다니는 사람도 학력에 대한 콤플렉스를 가지고 있는데, 내가 공부를 하면 얼마나 했다고 콤플렉스를 가지겠는가?

　이러한 자각을 한 덕분이었다.

　우리는 모두 콤플렉스를 가지고 있다. 하지만 그것은 스스로 만든 환상에 불과하다.

　'오더'를 내리고 그것이 현실로 만들어지기 위해서는 '허용'이 필요하다.

원하는 것을
이미 이룬 상태

2012년, 나는 대전에 13평짜리 작은 동네 카페를 창업했다.

그로부터 3년이 지난 2015년, 나의 첫 책이 출간되었다. 작은 카페를 창업하고 운영하는 방법을 담은 책이었다. 책의 제목은 『나는 스타벅스보다 작은 카페가 좋다』였다.

그 당시 나의 경력은 정말 평범했다. 다른 카페에서 아르바이트 2년, 그리고 동네 작은 카페를 3년 간 운영한 것이 전부였다.

프랜차이즈 사업을 해서 크게 성공했다거나, 국제적인 커피 대회에 나가 우승을 한 적도 없었다.

하지만 그런 상태에서도 책은 나왔고, 그 책은 창업 분야에서 베스트셀러가 되었다. 또한 국내에 있는 모든 커피 축제에 초빙 강사가 되어 강연도 했다.

뿐만 아니라 커피 업계에서 가장 큰 잡지 중 하나인 「커피앤티」에 여러 해 동안 칼럼을 연재하기도 했다.

그 당시 내가 만난 업계 사람들 중에는 커피 장인 1세대도 있고 월드 바리스타 챔피언들도 있었다. 모두 커피 업계에서 큰 손이라고 불리는 사람들이었다. 그분들과 대화도 하고, 함께 강의를 하면서 내심 신기하게 느껴졌다.

나는 이 모든 것이 '오더'의 결과라고 생각한다.

그 즉시 이뤄지기 시작한다

책을 출간한 이후 깨달은 점이 하나 있다.

무엇인가를 창조하는 것은 모두 영의 소관이라는 점이다. 그리고 영이 무언가를 창조할 땐 우리의 존재 자체가 바뀐다는 점이다.

예를 들어 글을 쓰고 싶다면, 당신의 영은 당신을 작가로 만들어 버린다. 그렇지 않다면 그 사람은 결코 작가가 될 수 없다.

이는 오더의 중요한 이치 중 하나다.

조금 더 풀어서 이야기를 해 보자. 아직 책을 출간하지 않은 사람이 있다고 가정해 보자. 사회적 기준에서 그 사람은 책이 나오지 않았기 때문에 아직 작가가 아니다.

하지만 그는 먼저 작가가 되어야만 책을 쓸 수 있다.

그 책이 출간될지 안 될지에 대한 고민을 하면서, 스스로에 대한 그의 인식이 작가가 아닌 상태에 머무른다면 그는 결코 책을 쓸 수 없다.

책이 출간되기 위해선 내가 먼저 작가가 되어 자신만의 글을 써 내려가야 한다. 이때 중요한 것은 글을 쓰는 행위가 아니다. 그 행위는 하나의 결과물에 불과하다. 글을 쓰려면 먼저 작가가 되어야 한다.

그러기 위해서는 생각부터 스스로를 작가라고 인식해야 하고, 거기에 맞는 확신의 감정을 가져야 한다. 그럴 때 오더가 내려지면서, 영은 우리를 작가라는 존재로 변화시키게 된다. 원래의 그는 평범한 사람이었겠지만 영이 작가라는 존재를 창조하니, 그는 작가가 된 현실을 만나게 된다.

작가에게 글을 쓰는 것은 너무나 당연한 일이다. 그렇게 작가가 된 사람은 프롤로그부터 시작해서 한 권의 책을 써 내려가게 된다. 그 책을 쓰는 순간순간 그 사람은 이미 작가이다.

무언가가 되고 싶다면, 지금 이 순간 그것이 되어야 한다.

하지만 가끔은 나 스스로 내가 원하는 존재가 되는 것이 어려울 때가 있다. 그렇게 느껴지는 이유는 현재의 나와 내가 원하는 나와의 격차가 너무 멀다고 생각하기 때문이다.

그러나 그것은 일종의 제한신념일 뿐이다.

모든 창조는 영의 소관이며, 단일성의 법칙에 따라 당신의 영은 우주 그 자체이다. 그렇기에 무언가를 창조해 내는 당신의 능력에는 한계도 없고, 능력과 경험의 일천함도 있을 수 없다.

사실 작가의 자격요건 같은 건 이 세상에 존재하지 않는다. 그렇지 않은가? 그것은 내 생각 속에만 존재한다.

세상에는 수만 가지 책이 있고, 그만큼 다양한 작가들이 있다. 내 후배 중 한 명은 독립서점을 운영하고 있다. 독립서점에 가서 책을 들여다보면, 정말 생각하지도 못한 책들을 만날 수 있다. 얼마 전에 본 가장 이색적인 책은 고양이를 위한 책이었다. 책 한 권 전체에 야옹이라는 단어들만 적혀 있었다. 그런 책들도 유통이 되고 있고, 책으로 인정받고 있는 것이 우리가 살고 있는 세상이다.

당신이 '나는 작가가 될 수 없어'라고 생각한다면, 그것은 작가라는 존재를 당신의 소견 내에서만 바라보기 때문에 그런 것이다.

그렇기에 우리는 원하는 무엇이든 될 수 있다.

다시 한 번 작가가 되고자 하는 사람의 이야기로 되돌아가 보자. 이때 그는 기존의 현실에서 벗어나, 새로운 현실 속으로 들어가게 된다.

그러나 여전히 기존의 현실과 작가가 된 현실은 중첩되어 있다. 하나는 그가 작가가 되어 글을 쓰는 현실이고, 다른 하나는 일이 이루어지고 있는 '기존의 현실'이다.

그는 작가가 된 현실에서 글을 쓰고 있지만, 그 일이 이뤄지는 것은 엄연히 기존의 현실이라는 점이 중요하다. 그렇기에 그가 글을 쓰고 있어도 일이 이루어져 가는 과정은 그의 눈에 보이지 않는다.

그렇게 모든 글을 다 쓰고 나서, 그는 원고를 출판사에 투고한다. 출판사에서는 그 글을 편집하고, 디자인을 입혀서 책으로 출간한다. 이후 서점에 그 사람이 쓴 책이 진열된다. 그제야 사람들은 그 사람이 '작가'라는 것을 알게 된다.

하지만 작가가 되기까지의 과정은 그의 눈에 보이지 않았다. 먼저 작가가 된 그의 현실과 실제로 작가가 된 기존의 현실이 합치될 때, 그는 비로소 일이 잘 진행되었다는 사실을 실감하게 된다.

이렇듯 언제나 현상은 나중에야 관측된다.

그럼 생각을 조금 더 펼쳐 보자. 부자가 되려면 어떻게 해야 할까? 주식을 열심히 해야 할까? 코인을 열심히 해야 할까? 아니면 일을 열심히 해야 할까?

아니다. 부자가 되기 위해선 지금 이 순간 부자라는 존재가 되어야 한다. 지금 이 순간 부자가 되면 기존의 현실은 전혀 상관이 없어진다.

만약 하던 일이 망해서 10억의 빚이 있다고 해도, 그 순간 부자가 되었다면 그 사람은 이미 부자인 것이다.

다만 아직 그 현실이 펼쳐지지 않았을 뿐이다. 일단 영이 그 사람을 부자로 만들면 이후에는 여러 가지 일들이 일어나면서 그것이 현실로 펼쳐지게 된다. 그 과정이 우리의 눈엔 보이지 않을 수도 있다. 그러나 일은 진행되고 있다.

하지만 대부분의 사람들은 무언가가 결핍된 상태를 그대로 받아들이고, 결핍을 부르는 오더를 내린다.

결핍의 씨앗은 결핍의 열매를 맺는다. 이것이 우리가 내리는 결정과 행동들이 좋지 않은 결과로 이어지는 진짜 이유이다.

나의 의도와 반대되는 기본전제

무언가가 결핍된 상태에서 외부 환경을 바꾸려 할 때 우리는 노력을 하게 된다.

그런데 이것을 아는가? 노력은 우리가 만들어 낼 수 있는 최악의 감정이다. 노력은 결코 더 나은 결과를 만들어 내지 못한다. 노력이라는 감정을 가진 상태에서 행동을 할 때 오히려 상황은 악화된다.

노력이라는 감정은 우리가 영의 힘을 사용하지 않을 때 발생하는 하나의 신호이자 주파수가 낮은 상태일 때의 파동이다.

노력은 '나는 이것을 결코 잘할 수 없다'는 '기본전제'를 만들어 낸다.

기본전제란 우리가 어떤 생각을 할 때 영이 집중하는 방향을 가리킨다. 생각은 '열심히 노력해서 성공시키겠다'는 의도를 전달하지만, 영은 '열심히 하지 않으면 나는 이것을 결코 성공시킬 수 없구나'라고 받아들인다.

이러한 왜곡을 만들어 내는 것이 노력이라는 감정의 특징이다.

지금 무언가를 이루기 위해 노력하고 있다면, 잠시 책을 덮고 곰곰이 생각해 보자. 당신은 왜 노력하고 있는가? 아마도 그것을 잘하지 못하기 때문에 더 잘하고 싶어서 노력이라는 것을 하고 있을 것이다.

그럼 조금 더 깊게 들어가 보자. 내면으로 더 깊게 말이다. 지금 하고 있는 노력에 깔려 있는 부정적인 제한신념을 발견할 수 있을 것이다. 바로 '나는 결코 그것을 잘할 수 없다'라는 제한신념이다.

때문에 '노력'이라는 감정이 생겨나는 것이다. 이는 내가 자신의 영에 저항을 하고 있거나, 내가 진정으로 원하는 것을 외면한 채 억지로 나아갈 때 들리는 신호이다.

만약 당신이 현재 결핍 상태에 있다면, 자신을 풍요 상태로 만들어 놓고 나서 '오더'를 내려야 한다. 그렇지 않으면 계속 결핍된 현실만 창조되기 때문이다.

한번 돌이켜서 생각해 보자. 인생에서 결핍 상태에 있었던 적을 말이다. 단순히 배고픔, 피로 등 육체적 결핍만이 아니다. 욕망, 상실 등 정신적 결핍 상태에서도 마찬가지다. 그때 문제를 해결하기 위해 했던 행동들을 생각해 보자. 대부분의 경우 그때 했던 행동은 좋지 못한 결과를 만들어 냈다는 것을 알 수 있다.

결과가 그렇게 된 진짜 이유는, 육체를 통해 문제를 해결하려 했기 때문이다. 당신은 그렇게 스스로의 영에 거스르는 노력을 했고 문제는 더욱 악화되어 갔다.

문제의 해결 즉, 새로운 현실의 창조는 오로지 영의 영역에서만 가능하다.

3-3.

결핍 상태에서의
오더

우리는 결핍 상태에 있을 때, 더 강한 결핍을 불러오는 결정을 내리기 쉽다. 이러한 이치는 앞서 언급한 생각의 법칙, 대립성과 함께 살펴 볼 수 있다.

어떤 가치의 풍요와 결핍의 양면 즉, 대립성을 인식할 때 우리는 원하는 대로 오더를 내려 현실을 변화시킬 수 있다. 반대로 우리의 의식이 결핍에 존재할 경우 영의 창조능력이 우리의 의도와 반대로 발현된다.

특히 풍요에 빠져 있기보다 결핍에 빠져 있는 상태에서는 더 강렬한 오더를 내리게 된다.

혹시 사기를 당해 본 적이 있는가? 아니면 빌려준 돈을 떼어먹힌 적은? 그런 적이 있다면 그때의 상황을 한번 떠올려 보자. 당신은 풍요 상태였는가? 아니면 결핍 상태였는가?

우리는 무엇인가가 결핍되어 있을 때 사기를 당하기 쉽다. 객관적으로 당신이 부유한 편이든 가난한 편이든, 무언가의 결핍 상태에 있을 때는 더 큰 결핍을 불러올 그릇된 판단을 내리게 된다.

당신의 생각과 감정이 전심전력을 다해 더 큰 결핍을 불러오는 오더를 내리고 있기 때문이다.

인테리어 사기를 당하다

아직 카페를 창업하기 전, 나는 2년간 다른 카페에서 아르바이트를 했다. 나는 아르바이트를 그만두고 내 카페를 창업해야겠다고 결심했고 실행에 옮겼다. 나름대로 오더를 내린 것이다.

2012년 5월부터 8월까지 카페를 창업할 자리를 찾아다녔다. 당시 날씨가 정말 더워서 티셔츠 차림으로 가게 자리를 보러 다녔다.

하지만 내 결핍 에너지가 너무 컸기 때문일까? 부동산에서 내 복장을 보고 제대로 된 자리를 보여 주지 않는다는 것을 알게 되었다.

그 다음부터는 셔츠와 양복을 입고 돌아다녔다. 너무 불편하고 땀이 많이 났다. 하루 일정이 끝나면 셔츠 단추 자국을 따라 땀띠가 날 정도였다.

통장에는 돈도 없었다. 당시 나는 끊임없이 '돈이 없다'는 생각을 반복하며 온몸으로 결핍을 느꼈다. 그런 감정과 생각들이 차곡차곡 쌓여 계속해서 그런 현실만 창조해 내고 있었다.

한마디로 나의 상태는 투쟁이었다. 돈이 없는 나의 현실과 대립해서 싸우고, 또 싸웠다. 부정적인 생각이 들면 애써 꾹꾹 눌렀다.

각종 부정적인 생각들, '카페를 창업하지 못하면 어떡하지'라는 두려움, 돈이 없다는 불안감, 뜻대로 되지 않아서 올라오는 좌절 등의 감정을 억지로 눌렀다.

그러던 중 9월 달에 지금의 카페 자리를 얻어 계약을 했다.

당시 통장에는 500만 원이 있었다. 나머지는 대출을 받았다. 그리고 전에 백화점에서 함께 일했던 매니저 누나에게 동업을 제안해, 돈을 마련했다.

그때 내 머릿속엔 온통 결핍으로 가득했다. 드디어 나만의 카페를 가지게 되었지만 여전히 불안감으로 가득했다.

그런 상태에서 인테리어 견적을 받았다.

13평의 작은 카페인데 인테리어 견적은 말도 안 되게 높았다. 총 3곳에서 받았는데 견적은 각각 2,800만 원, 3,000만 원, 3,200만 원이었다.

수중에 돈이 없다고 느끼던 나는 더 싼 곳을 찾기 시작했다. 결핍의 에너지를 엄청나게 내뿜으며 말이다.

그러고 나서 어떤 일이 벌어졌을까?

서울에 있는 한 업자를 소개받게 되었다. 그 업자는 자기가 하던 일이 잘 안되어서 현재 휴업 상태라고 나에게 말해 주었다.

사실 그때 '쎄한 느낌'이 들었다. 이후 생긴 결과를 생각하면, 나는 그때 그 느낌을 신호로 삼았어야 했다. 하지만 당시 나는 그런 영적인 느낌을 자각할 여유가 없었다.

그 업자는 나에게 이 정도 평수는 자기 혼자서 일하면 1,000만 원이면 충분하다고 말해 주었다.

그렇게 일을 시작하게 되었고 일주일이 지나자 업자가 나에게 말했다.

계약금인 200만 원을 벌써 다 써버려서, 나머지 자재를 사려면 잔금 800만 원이 필요하다는 것이었다. 그래서 나는

800만 원을 이체해 주었다.

그리고 다음날 그 업자는 잠적해 버렸다. 업자와 한동안 연락이 안 된 뒤에야 나는 사기를 당했다는 사실을 깨달았다.

그 업자는 목수 아저씨들에게도 거짓말을 해 둔 상태였다. 모든 자재비는 사장이 나중에 줄 거라고 말한 것이었다.

덕분에 나는 셀프로 카페 인테리어를 해야 했다.

그렇게 해서 들어간 돈은 3,000만 원 정도였다. 결국 처음 견적 받은 금액만큼 부담을 해야 했고, 그러면서 힘은 힘대로 들고 마음은 마음대로 상했다.

이것이 바로 결핍 상태에서 내린 오더의 결과이다. 만약 내가 그 당시 오더의 정확한 원리를 알았다면 위와 같은 현실들은 창조되지 않았을 것이다.

사고의 폭을 제한하는 잘못된 배려

이후 카페를 차리고 나서도 나의 결핍 상태는 계속되었다.

창업을 9월에 했는데, 겨울이 되자 매출이 반으로 줄어 버렸다. 카페는 겨울이 비수기이다.

그 당시 나는 동업자 누나와 함께 오전 10시에 카페를 연 후 밤 10시까지 일했다. 12시간 동안 일을 한 것이다. 그러다 보니 너무 힘들어서 일요일에는 쉬었다. 하지만 여전히 재정 상태는 좋지 않았다.

더욱이 와이프는 아이를 출산해서 육아 휴직 중이었다.

그런 결핍 상태에서 오더를 계속 내리고 있었다. 또한 그러다 보니 내면을 바꾸는 것이 아닌, 외부 조건을 바꾸기 위해 투쟁하고 있었다.

당시 나는 매일 같이 '더 많은 돈이 필요해'라는 생각을 했다. 그리고 '어떻게 하면 조금이라도 더 벌까?'라는 생각만 했다.

그래서 아르바이트 사이트에서 이것저것 찾아보았다. 그때 내 눈에 들어온 곳은 도시락 업체였다. 새벽 5시부터 아침 8시까지 하루에 3시간 동안 일하는 아르바이트였다. 월요일부터 금요일까지 매일 3시간씩, 월급은 30만 원이었다. 카페 출근이 10시이니 조금 더 일찍 일어나서 그 일이라도 해야겠다는 생각을 했다.

그렇게 그 일을 시작했다. 고난의 행군이었다.

지금 생각해 보면 모두 내가 내린 오더였고, 내가 만들어 낸 현실이었다.

겨울 내내 그 일을 했다.

그러던 어느 날 일을 마치고 돌아오는데 비가 내렸다. 3월이었다.

교통비를 아끼려고 자전거를 타고 오는 중이라 비를 쫄딱 맞았다. 도시락 업체에서 집까지 오는 하상도로에는 유채꽃들이 활짝 펴 있었다.

나는 비를 너무 많이 맞아서 덜덜 떨었다. 앞이 보이지 않을 정도로 세찬 비가 내리고 있었다. 중간 쯤 오자 그 비는 언제 왔냐는 듯 그쳐 버렸다. 그리고 하늘이 맑게 개었다.

맑게 갠 하늘과 활짝 핀 유채꽃들, 그리고 그 중간에서 자전거를 타고 있는 내가 불현듯 머릿속에 각인되었다.

그 순간 무엇인가가 바뀌었다. 그것은 깨달음 같은 감정이었다. 이렇게 아등바등 살려는 내가 스스로 봐도 딱해 보였다. 하지만 한편으로는 또 대견해 보이기도 했다. 그 순간 나는 스스로를 객관적인 시각에서 바라보게 되었다.

그러면서 구절 하나가 떠올랐다.

그러므로 염려하여 이르기를 무엇을 먹을까 무엇을 마실까 무엇을 입을까 하지 말라.
너희 하늘 아버지께서 이 모든 것이 너희에게 있어야 할 줄을 아시느니라.
_마태복음 6:31~32

동시에 그동안 배웠던 것들이 떠올랐다. 나는 오롯이 혼자서 이 모든 것을 해결하려고 발버둥치고 있었던 것이다.

그것은 오만이었다. 신의 손이 나의 손보다 작다고 우기는 오만이었다. '너희 하늘 아버지께서 이 모든 것이 너에게 있어야 할 줄을 아시느니라.' 이 말이 떠오른 나는 그 자리에서 펑펑 울었다.

뒤돌아보니 나는 부족한 것이 하나도 없었음을 발견했다. 모든 것은 기도한 대로, 뜻하는 대로 이루어진다는 것도 알게 되었다.

부족하다는 것은 마음의 상태뿐이라는 점을 비로소 깨달은 것이었다.

그러자 새로운 아이디어가 떠올랐다. 카페를 10시가 아닌 5시에 열면 되겠다는 생각이었다. 내 카페니 내가 그냥 일찍 열면 되는 것이었다. 그럼 손님이 올 테고, 분명 하루에 1만 원 이상은 더 벌게 될 것이었다.

이전까지 그런 생각을 못했던 것은 동업자 누나에 대한 잘못된 배려 때문이었다. 내가 일찍 나온다고 하면 부담이 될까봐 말을 꺼내지 못했던 것이다.

거기까지 생각이 미치자 그날부로 도시락 업체를 그만두

었다. 그리고 바로 다음 날부터 새벽에 카페를 열었다.

그러자 매출이 급상승했다. 8시 30분부터 10시까지의 매출이 10시부터 12시까지의 매출보다 2배가 높았다.

그 이후부터는 배려라고 생각했던 모든 일을 그만두었다. 나는 '동업자 사장'이 아닌 '그냥 사장'이 되기로 했다. 그러자 여러 가지 아이디어들이 뿜어져 나왔다.

국내 최초로 바인더를 이용해 쿠폰북을 만들었고, 여러 가지 마케팅 기법을 적용했다. 카페를 활성화시키기 위한 전략들이 봇물 터지듯 생각나기 시작했다. 나 스스로 풍요의 상태에 들어오니 샘솟는 아이디어들도 모두 풍요로운 결과를 가져왔다.

그 시기에 나온 아이디어와 결과들을 글로 묶었더니 책으로 나오기까지 했다. 이것이 바로 결핍 상태와 풍요 상태의 차이이다.

지금 이 책을 읽고 계신 분들에게 묻고 싶다.

당신은 지금 어떤 상태에 있는가?

인간관계에서의
오더

나는 28살에 결혼을 했다. 무자본 결혼이었다. 무자본 창업도 아니고, 무자본 결혼이라니!

결혼에 대한 생각은 사람마다 각기 다르기 마련이다. 요즘 뉴스나 방송들을 보면, 결혼을 하려면 1억 원에서 3억 원이 필요하다는 말을 우습게 한다.

사실일까? 아니다. 그것은 하나의 주장일 뿐이다.

당신의 생각은 어떠한가? 뉴스나 방송에서 들은 이야기를 그대로 받아들이지 말고 스스로 한번 계산해 보라.

나의 결혼 과정

따지고 보면 결혼이라는 것은 매우 간단하다. 남자와 여자가 한 집에 사는 것이 결혼이다. 간단하지 않은가? 만약 원룸에서 신혼을 시작한다면 결혼은 돈 없이도 할 수 있다.

이런 생각은 우리 아버지로부터 물려받은 유산이다.

우리 아버지는 목사다. 아버지는 대학생들에게 설교를 할 때마다 '결혼은 돈 없이 하는 것이다'라고 말했다. 그렇게 설교하여 아버지가 결혼을 시킨 커플이 꽤 많이 있다.

집이 있어야 하고, 혼수가 있어야만 결혼할 수 있다는 생각도 하나의 믿음이다. 반면 집과 혼수가 없이도 결혼할 수 있다는 생각도 하나의 믿음이다. 결국 선택의 문제인 것이다.

믿음이란 이렇게 강력한 것이다.

"그 자매와 결혼할 거니?"

내가 28살이 되던 해에 아버지가 나에게 물으셨다. 나는 그렇다고 대답했다.

당시 나와 그녀는 모두 대전에 있는 회사를 다니고 있었다. 둘 다 직장생활을 하면서 연애를 하고 있었다.

그녀는 내가 전역을 한 지 일주일 정도 됐을 때부터 우리 교회에 다니기 시작한 새내기 자매였다.

아버지는 결혼을 할 거면 일찍 하라고 얘기했다.

둘 다 직장인이니 풀옵션 원룸을 구하면 된다는 것이 아버지의 생각이었다. 풀옵션 원룸에서 살면 집을 구할 필요도 없고, 혼수도 할 필요가 없다는 것이었다.

나 자신은 아버지의 생각을 납득할 수 있었지만, 자매의 아버지 그러니까 장인어른에게 이 말을 할 엄두가 나지 않았다.

그런 이야기를 아버지에게 하자 아버지는 논산에 가서 장인어른을 만나고 오겠다고 했다. 그리고 아버지는 장인어른을 진짜로 만나고 왔다. 두 분이 어떤 대화를 했는지는 자세히 모르지만 어찌됐든 결혼 날짜가 잡혔다.

논산은 5월에서 10월까지는 농번기라 바쁘다. 그래서 겨울에 결혼식을 하기로 결정됐다. 그렇게 나는 그해 12월에 정말 무일푼으로 결혼을 하게 되었다. 축의금으로 신혼여행도 다녀올 수 있었다.

사실 이 결혼은 우리 아버지의 오더가 아니었나 싶다. 아버지가 믿고 있는 신념의 힘으로 주변 사람들이 모두 동의하게 되었고, 그것이 현실이 되었으니 말이다.

또한 나는 어렸을 때부터, 반려자에 대한 기도를 이렇게 했다.

내가 아무것도 없어도, 내 능력을 믿어 주는 사람과 함께하게
해 주세요.

이 오더는 결국 이루어졌다. 나는 정말 아무것도 없을 때
결혼을 하게 됐다.

거기에서 더 나아가 나는 신혼여행을 다녀온 후 다니던
직장을 그만두었다. 작가가 되고 싶었던 나는 1년간 도서관
에 가서 책을 1,000권을 읽는 목표를 세웠다.
신혼여행 때 그 이야기를 하자 와이프는 나를 믿어 주고,
허락해 주었다. 가끔 그 이야기를 하면 와이프는 자신이 그
때는 정말 콩깍지가 씐 상태였다고 말하곤 한다.

사랑에 빠질 때 일어나는 일

'사랑'은 우리의 의식을 가장 빠르게 영에 가깝게 만들어 주
는 신기한 존재다.
우리는 사랑에 빠졌을 때 상대방의 나쁜 점결핌은 물론,
좋은 점풍요도 제대로 인식하지 못한다. 그저 상대방을 사랑
하고 상대방과의 모든 경험을 사랑할 뿐이다.
사랑으로 인해 우리의 의식이 생각의 법칙인 대립성에서

멀어지고, 영의 법칙인 단일성에 가까워졌기 때문이다.

우선, 사랑에 빠졌을 때를 생각해 보자. 이때 우리는 상대방과의 영적 단일성을 체험한다. 육체적으로는 다른 사람이지만, 우리의 영은 파트너와 하나가 되어 있다.

그러면 풍요와 결핍에 대한 가치판단이 사라지고, 우리는 이 세상이 완벽하다고 느끼게 된다. 아무리 피로해도 피로함을 느끼지 못하며, 시간은 정말 순식간에 지나가 버린다.

주의 목전에는 천 년이 지나간 어제 같으며 밤의 한 순간 같을 뿐임이니이다.
_시편 90:4

위 성경의 표현처럼 말이다. 이는 사랑을 할 때 우리가 영의 속성에 가까워지기 때문이다.

그러다 시간이 지나면, 삶 속에서의 여러 문제로 인해 우리의 의식이 다시 대립성으로 옮겨 가기도 한다. 일상에 대한 걱정, 업무에 대한 걱정, 육아에 대한 걱정 등에 많이 노출되다보니 세상을 다시금 풍요와 결핍으로 바라보게 되는 것이다.

이때 우리는 사랑하는 상대방 또한 대립성으로 인식하게 되는 경우가 생긴다. 그러다 보면 상대방의 좋은 점만 보일 때도 있지만, 결국 상대방의 나쁜 점만 보일 때도 찾아오게 된다. 그때 우리는 상대방을 도통 이해할 수 없어 불만을 갖거나 분노하게 된다.

물론 이러한 변화는 의식하지 못한 채 이루어지는 경우가 많다. 하지만 연인은 예전 상태 그대로일 뿐이다. 바뀐 것은 연인을 바라보는 나의 의식이 단일성에서 대립성으로 옮겨간 것이다.

우리의 의식이 대립성에 갇혀 있고 상대방의 결핍만 바라보는 시간이 오랫동안 이어지면, 우리의 육신마저 그것에 공명한다.

그러면 인간관계는 점점 더 악화된다. 딱히 내가 무엇을 하지 않아도 그런 현실이 펼쳐지게 된다.

'우리 남편은 절대 안 변해요'라고 말하는 아내들이 종종 있다. 물론 반대로 '우리 와이프는 꽉 막혔어요'라고 말하는 남편들도 있다.

정말 나의 남편이, 혹은 아내가 그러길 바라는가? 이런 감정과 생각을 반복할수록 우리의 현실이 그에 맞게 변화한다는 것을 알아야 한다.

오더를 통한 인간관계 해결법

사랑하는 사람과의 관계뿐 아니라 모든 인간관계에서 화가 나거나, 감정이 격해졌던 순간을 떠올려 보자.

이때 우리는 '내가 참아야지' 혹은 '더 이상 싸우지 말아 야지!'라고 생각한다. 그러나 이것은 관계를 더 악화시키는 잘못된 오더이다. 이는 우리의 의식을 상대방의 결핍에 더더 욱 집중시키기 때문이다.

우리의 의식이 결핍에 머물러 있는 상태에서는 아무리 생각을 바꾸고 참아도 '싸우지 않는 현실'을 창조해 낼 수 없다.

오더의 원리는 동일하다. 어떤 인간관계든 사람 사이가 좋아지기 위해서는, 영의 창조능력을 일깨워 현실을 변화시 켜야 한다. 좋은 관계를 형성하는 오더를 내리는 것이다.

그러기 위해서는 일단 우리의 의식을 결핍에서 벗어나게 해야 한다.

상대방의 특정 행동이나 말에서 화가 날 때는 우선, 내 안의 의식이 결핍의 영역에 속해 있다는 사실을 인정하고 받아들여야 한다.

그 뒤에 상대방이 이해가지 않는 부분을 본다면 그냥

'저런 측면이 파트너와 나에게 아직도 있구나'라고 생각해야
한다.

그다음 내가 원하는 상대방과의 관계를 떠올려야 한다.
기쁘고 긍정적인 감정과 함께 좋아진 관계에 대한 구체적인
그림을 그리면, 그때서야 관계가 회복되는 현실이 창조된다.

3-5.

빙글빙글
인생의 트랙

우리의 인생은 마치 레코드판과 닮아 있다.

레코드판은 둥근 원 모양을 그리며 돌아간다. 우리의 일상도 마치 트랙을 돌 듯 월요일부터 일요일까지 비슷한 패턴으로 하루하루가 재생되고 있다.

기간을 더 길게 잡으면 한 달 단위, 혹은 일 년 단위로 패턴이 반복될 수 있다.

하지만 이러한 패턴이 변할 때가 있다. 이는 우리가 현재의 트랙에서 다른 트랙으로 넘어가는 것을 의미한다. 누구나 이와 비슷한 경험을 해 봤을 것이다.

이때 중요한 것은 다음 트랙이 어떻게 생겼는지 우리는 전혀 예측할 수 없다는 것이다.

이는 마치 전자가 다음 순간 어디에 있을지 모르는 상태와 같다. 전자가 관측을 시작하자 뜬금없는 자리에 나타나는 것처럼, 트랙의 패턴도 그 트랙을 돌아봐야 알 수 있게 된다.

우리의 현실을 만드는 정체성

그렇다면 우리가 어떠한 트랙을 반복해서 돌게 만드는 힘은 무엇일까? 무엇이 우리의 새로운 현실을 만들고 그 현실을 반복시키는 걸까?

앞에서도 말했듯 그것은 '내일도 오늘과 같을 것'이라는 우리의 믿음이다.

그리고 그 믿음의 출처는 당신의 정체성이다. 당신을 둘러싼 현실을 반복시키는 힘은 당신의 정체성에서 나온다.

정체성은 '나는 이런 사람이다'라는 생각과 감정으로 구성되어 있다. 그렇다! 정체성이야 말로 끊임없이 나를 창조하고, 내 주변을 창조하는 오더인 것이다.

나는 오랫동안 '바리스타'라는 정체성을 가지고 있었다. 바리스타라는 인생의 트랙을 재생할 때 나의 일과는 다음과 같았다. 카페에 출근하고, 일하고, 손님을 맞이하고, 퇴근하고, 집에 와서 휴식을 취한다.

하지만 어느 날 '온라인 비즈니스 마케터'라는 정체성을 선택하자 내 인생의 트랙은 변환되었다. 그리고 이전과는 전혀 다른 삶을 살게 되었다.

시간이 지나고 나서 그것들이 이루어진 과정을 보면, 하나로 연결되어 있는 것처럼 보인다. 하지만 그 일들이 진행되는 도중에는 나에게 일어난 일들을 나는 전혀 예측할 수 없었다.

여호와의 말씀에 내 생각은 너희 생각과 다르며 내 길은 너희 길과 다르니라. 이는 하늘이 땅보다 높음 같이 내 길은 너희의 길보다 높으며 내 생각은 너희의 생각보다 높으니라.

_이사야 55:8~9

사람이 마음으로 자기의 길을 계획할지라도 그의 걸음을 인도하시는 이는 여호와시니라.

_잠언 16:9

위 구절들처럼 우리가 혼 생각으로 계획을 세운다 할지라도, 그것을 이루는 영의 창조는 결코 이해할 수 없고 예측할 수도 없다.

다음 트랙으로의 이동이 벌어질 때 이루어지는 일들은

우리 눈에는 우연처럼 보인다. 하지만 지나고 나서, 보면 그 모든 일들이 우연이 아니었음을 깨닫게 된다.

우리의 인생 트랙은 정체성에 따라 고정되기도 하고, 다른 트랙으로 이동하기도 한다. 이때 우리는 우리가 처해 있는 환경 때문에 특정 정체성을 가지게 되었다고 생각한다.

하지만 그것은 착각이다. 실상은 그 반대이다. 우리는 자신의 정체성을 스스로 정하게 된다. 그에 따라 우리의 환경이 펼쳐지는 것이다.

따라서 우리가 주변의 환경을 바꾸고 싶다면 스스로의 정체성을 바꿔야 한다. 그밖에 어떠한 노력이나 행동은 모두 필요 없다.

노력과 행동은 우리의 정체성이 만들어 낸 트랙에 따라오는 결과물들이기에, 노력과 행동이 나의 현실이나 환경을 창조해 낸다는 것은 앞뒤가 뒤바뀐 해석이다.

당신의 트랙을 변화시켜라

지금까지 살아온 세월을 한 번 돌아보자. 어느 시점에서 당신의 트랙이 변환되었는가? 거기에 힌트가 있다.

어느 시점에 똑같았던 월, 화, 수, 목, 금, 토, 일이 완전히 바뀌었는가? 곰곰이 생각해 보고 기억해 내자. 당신은 이미 알고 있다. 그저 '자각'만 하면 된다.

당신의 트랙이 바뀐 그 날은 당신이 정체성을 바꾼 직후였을 것이다.

우리의 정체성은 의도적인 '오더'에 의해서 변화되기도 하지만, 전혀 의도하지 않은 상태에서도 변환되기도 한다. 그것은 나의 에고가 더는 손을 쓸 수 없을 때, 즉 모든 것을 포기한 상태일 때 일어나는 경우가 많다.

에고가 더 이상 할 수 있는 일이 없을 때, 우리는 스스로의 운명을 영에게 내맡긴 상태가 된다. 이때 우리의 영은 가장 저항이 적은 방향으로 우리의 삶을 이끌어 나간다.

의외로 그러한 흐름 속에 들어가면 모든 일들이 쉽고 수월하게 진행된다.

저항은 흐름에 따르지 않을 때 생기는 것이다.

흐름에 따르지 않는다는 것은 현실과 투쟁한다는 것을 뜻한다. 이미 내가 창조한 현실을 내부가 아닌 외부에서 바꾸려고 할 때 저항이 생긴다.

이것은 돛을 펴고 항해를 하는 것에 비유할 수 있다. 바람의 흐름과 내가 가려는 방향이 맞는다면 내가 노를 젓지 않아도 배는 빠르게 앞으로 나아간다. 흐름에 맞지 않는다면 내가 노를 저어야만 앞으로 나갈 수 있다. 하지만 바람을 뚫고 나아가야 하기 때문에 엄청난 노력과 수고가 필요하다.

흐름에 저항하며 노를 젓다가 어느 순간이 되면 우리는 노력을 포기하게 된다. 배의 방향을 바람에 내맡기게 되는 상태가 되어 버리는 것이다. 그럴 때 배는 바람의 흐름에 따라 다시 움직이기 시작한다.

애초부터 나의 목적지는 그 방향에 있던 셈이다.

오히려 그 상태가 되면 내가 원했던 것들이 우연을 통해 나에게 찾아오는 '역설'들이 발생하기도 한다.

예를 들어 영업을 따내려고 애쓰면 애쓸수록 한 건도 못 따다가, 다 포기하고 다른 일을 알아보려고 할 때 영업이 한 건, 두 건 어디선가 들어오는 상황 같은 것 말이다. 이런 일들을 살면서 한두 번은 경험해 보았을 것이다.

간절히 원하며 노력했을 때는 절대 열리지 않던 것들이, 포기하고 다른 일을 하고 있을 때 나에게 슬며시 다가오는 것 말이다.

방법만 알면 우리는 그 상태를 '의도적'으로 만들어 낼 수 있다.

즉, 우리는 의도적으로 삶의 트랙을 전환시킬 수 있다. 트랙 전환을 일으키는 가장 강력한 오더는 바로 당신이 가지고 있는 정체성이라는 점을 늘 기억하자.

3-6

시간이 지나면
결국 이루어진다

2024년 10월 16일, 나는 잊을 수 없는 경험을 하나 하게 되었다. 그것은 아주 오래 전 내가 내린 오더의 결과였다.

2010년 도서관에 다닐 때 나는 『놓치고 싶지 않은 나의 꿈 나의 인생』과 『꿈꾸는 다락방』을 보면서 '나도 이런 대형 베스트셀러 작가가 되고 싶다'는 오더를 무의식중에 내렸다. 다만 그때는 나 스스로의 한계에 갇혀 있었기에, 그 오더는 나의 현실에서 펼쳐지지 않았다.

마침내 나의 한계를 무너뜨린 뒤, 나는 그 두 권의 책을 낸 출판사인 국일미디어와 이 책에 대한 이야기를 나누고 계약을 하게 되었다. 국일미디어에 직접 방문해 출간될 책에 대한 이야기를 하다가, 사무실 업무 보드에 적힌 글자를 보았다. '16:00 조성민 작가 미팅'이라는 글자였다.

순간 온몸에 전율이 일어났다. 또 하나의 깨달음을 얻은 날이었다. 그것은 우리 인생에서 시간이라는 요소를 빼면, 생각한 모든 것들은 현실로 일어난다는 것이었다. 또한 시간이 지연되게 만드는 것은 오직 나의 관념뿐이라는 사실도 깨닫게 되었다.

끌어당김의 법칙이 안 통하는 이유

내가 처음 잠재의식에 대해 관심을 가진 것은 2010년도였다. 나는 결혼을 하고 나서 다니던 직장을 그만두었다. 그리고 도서관에 다니기 시작했다.

도서관에 다닌 첫 날 가장 먼저 읽은 책이 바로 나폴레온 힐Napoleon Hill의 『놓치고 싶지 않은 나의 꿈 나의 인생』이었다. 그러고 나서 두 번째로 읽은 책이 이지성의 『꿈꾸는 다락방』이었다. 이 두 책에는 우리 인생에서 기적을 만들어내는 것이 잠재의식이라고 말하고 있었다.

책에서 본 것을 내 삶에 적용해 보기도 했다. 어떤 것들은 책에 나온 것처럼 이루어졌고, 어떤 것들은 이루어지지 않았다.

그 후 나는 계속해서 잠재의식과 끌어당김의 법칙을 다

루는 서적들을 보면서 연구하기 시작했다. 그러다 NLP라는 분야를 알게 되었다. 토니 로빈스Tony Robbins의『네 안에 잠든 거인을 깨워라』를 통해서였다. 모호하게 쓰인 잠재의식에 관련된 다른 책들보다 훨씬 구체적인 스킬들을 배울 수 있었다.

또한 각종 영성 훈련을 받고 담마에서 위빳사나 훈련 등을 받았다. 그러면서 여러 가지 지식들이 하나로 합쳐지고 깨달아졌다. 끌어당김의 법칙을 왜 누구는 성공하고 실패하는지 경험을 통해 배우게 되었다.

그리고 나를 이루는 세 가지 존재에 대해서도 자각하게 되었다. 그리고 마침내 이 모든 현실을 내가 창조를 하고 있음을 알게 되었다.

흔히 끌어당김의 법칙에 대한 책을 읽고 따라하다가 잘 안 된다고 말하는 이들이 많다. 그들 중 대부분은 의식이 결핍 상태에 놓여 있고, 그것을 자각하지 못한 상태여서 그렇다.

만약 의식이 그림자에 놓인 것을 인식했더라도 그것을 꺼내는 방법을 모른다면, 마찬가지로 원하는 것을 이룰 수 없다.

앞서 말한 대로 우리가 무언가의 풍요와 결핍을 함께 인식하지 못할 때 우리의 의식은 그림자의 영역에 속하게 된다. 이를 해결하기 위해선 풍요와 결핍을 함께 인식하는 정체성을 형성해야 한다.

정체성은 내 현실을 지속적으로 만들어내는 커다란 틀이다. 이 틀은 잘못 형성돼 있을 경우 나의 오더를 제한하기도 한다.

나는 2010년부터 2022년까지 '작은 카페의 오너 바리스타'라는 정체성을 가지고 살아왔다. 그때도 끌어당김의 법칙이나 잠재의식에 대한 지식은 지금과 같이 충분하게 갖추고 있었다. 하지만 아무리 끌어당김의 법칙을 사용해도 카페 매출은 상방을 뚫을 수가 없었다. 연 2억 매출이라는 벽이 너무 단단해 보였다. 작은 카페의 오너 바리스타라는 정체성에 갇힌 상태였기 때문이다.

그 당시의 나는 '부자'라는 개념을 생각할 때 10년이라는 시간과 20억 원이라는, 부자라기엔 상당히 부족한 재산을 떠올렸다. 지금이야 이렇게 생각하지만 그 당시 나에게는 대단히 커다란 돈으로 느껴졌다.

사실 『부의 추월차선』이나 『가장 빨리 부자가 되는 법』 같은 류의 책을 보고 정말 크게 목표를 잡은 것이 '3년 안에 20억을 번다'였다.

꿈을 현실화하는 저널링

그러던 중 2022년 7월에 유튜브에서 한 영상을 보게 되었다. 패트릭 그로브Patrick Grove의 인터뷰 영상이었다. 그는 영상에서 저널링Journaling이라는 기법에 대해 말하고 있었다.

저널링이라는 것은 목표를 떠올리고, 그것을 어떻게 이룰 것인지를 생각하는 것이 핵심이다. 그가 설정한 목표는 무려 5,000억 원이라는 거금을 버는 것이었다.

그러나 영상에서 그는 결국 5,000억 원이란 돈을 벌었고, 요즘은 2조 원을 벌 방법을 생각하고 있다고 말했다.

그의 말을 듣는 순간 큰 깨달음이 지나갔고 동시에 이런 질문이 떠올랐다.

나는 저런 큰 금액을 어떻게 벌 것인지에 대해 의문을 가져 본 적이 있나?

답은 '없었다'였다. 왜 없었을까?

그것은 내가 무의식적으로 '그 정도로 큰돈을 버는 것은 불가능하다'고 믿고 있었기 때문이다. 그제야 나는 왜 끌어당김의 법칙에서 말하는 것들이 정확히 이루어지지 않는지를 깨닫게 되었다. 내가 미처 인식하지 못하는 한계들이 너무 많았던 것이다.

패트릭 그로브의 영상을 보고 난 후 나는 스스로도 놀랄 정도의 금액을 정하고, 나에게 물어 보았다. '어떻게 하면 저 금액을 벌 수 있을까? 그 답을 알려줘!' 그러고 나서 '나는 4,000억 원을 벌었다'라는 오더를 내리기 시작했다.

이후 어떤 일들이 벌어졌을까?

우선 '정체성을 바꿔야 한다'는 깨달음을 얻게 되었다. 사실 그 깨달음을 얻기까지는 1년 9개월이라는 시간이 걸렸다. 또한 그 깨달음은 아주 현실적인 방식의 깨달음이었다.

그 당시 나는 카페를 운영하면서, 작은 일본식 덮밥 집을 동시에 운영하고 있었다. 그런데 그 일식당을 열자마자 코로나 사태가 터졌다. 팬데믹은 일식당 상가 임대 계약 기간 내내 지속되었다.

계약 기간이 끝나갈 쯤 권리금을 주고 그 일식당을 인수하고 싶다는 사람이 나타났다. 나는 건물주에게 그 말을 전달했지만, 건물주는 이미 건물이 팔렸다는 대답을 했다. 매각 절차를 밟았기 때문에 계약 연장은 불가능하다는 답변이었다.

그렇게 계약은 만료되었고, 현재 내가 일식당을 하던 자리는 주차장이 되어 버렸다.

그때서야 나는 원하는 만큼 부자가 되기 위해서는 오프

라인 사업이 아닌 온라인 사업을 해야 된다는 사실을 깨달았다.

처음에는 온라인 사업도 육신의 힘으로 이루어내려고 여러 가지 시도를 해 보았다. 하지만 결과는 마찬가지였다. 힘만 들고 원하는 만큼의 성과는 얻지 못했다. 그 시점에서 만난 것이 패트릭 그로브의 저널링 영상이었다.

이후 영상에서 알려준 대로 매일 저널링을 했다. 공책을 펼쳐 놓고 어떻게 하면 거대한 금액을 벌 수 있을지 생각했다. 정말 생각만 했다. 그리고 그 생각 속에 깊이 잠겨 있었다.

생각을 바꾸자, 감정도 변하기 시작했다. 두 개의 극이 점점 가까워지는 것이 느껴졌다.

그러자 처음에는 너무 멀게 보이던 그 큰 금액이 점점 가까워 보였다. 나도 벌 수 있겠다는 생각이 들기 시작한 것이다.

젊은 기자였던 나폴레온 힐에게 부와 성공에 대해 알려주던 앤드류 카네기는 다음과 같은 제안을 했다. 그것은 매일 아침과 저녁에 거울을 보며 '나는 언젠가 앤드류 카네기를 뛰어넘을 것이다'라고 말하라는 것이었다. 그것은 나폴레온 힐에게 있어 큰 도전이었다.

그는 처음에 거울을 보고 카네기가 제안한 대로 말했다. 하지만 여전히 마음속에서는 말도 안 되는 소리라는 생각이 들려 왔다. 그래도 그는 다음 날 똑같이 말했다. 그리고 그 다음 날에도 동일하게 말했다.

믿음은 들음에서 난다. 계속 그렇게 말하다 보니 실제로 그렇게 될 수도 있겠다는 생각이 들기 시작했다.

결과적으로 보면 나폴레온 힐의 업적은 앤드류 카네기의 업적을 넘어섰다. 그는 세계적으로 가장 강력한 영향력을 준 작가이자 강사가 되었다.

나 역시 생각에 푹 잠겨 있다 보니 정말로 할 수 있겠다는 생각이 들었다. 그렇게 믿자 여러 가지 현실들이 눈앞에서 창조되는 것을 볼 수 있었다.

저널링을 시작한 지 3주 만에 예전에 알고 지내던 강사에게 전화가 왔다. 통화를 하다가 강연 플랫폼인 클래스유에 나를 소개시켜 주겠다는 말을 들었다. 덕분에 온라인 강의를 찍게 되었다.

그렇게 찍은 영상 강의는 9,000만 원 정도의 매출을 냈다. 놀라웠다. 온라인의 힘에 대해서 다시 한 번 깨닫게 되었다. 9,000만 원이라는 매출이 날 때까지 내가 강의를 하고 다닌 것이 아니었다. 그저 단 한 번의 촬영을 했을 뿐이었다.

그 일을 계기로 나의 돈에 대한 관념은 완전히 바뀌었고, 정말 놀라울 정도로 쉽게 돈이 벌리는 경험을 계속해서 했다.

이후 본격적으로 온라인 비즈니스를 시작하게 되었다. 그리고 강의를 통해 10개월 만에 총 12억 원의 매출을 달성했다. 내가 정산 받은 것만 8억 원이었다.

사실 그 8억 원도 매일 매일 결제를 받은 것이 아니었다. 우리는 쭉 강의를 하다가 단 하루만 결제를 받았다. 어느 날은 5,000만 원이, 어느 날은 2억 원의 매출이 발생하기도 했다. 최고로 많이 결제가 된 날은 2억 8,000만 원 정도의 매출을 올린 것으로 기억하고 있다.

무엇이 바뀐 걸까? 사실 바뀐 것은 오더의 본질 단 한 가지뿐이었다. 그때 나는 한계를 내려놓는 방법을 깨달았다. 나의 한계는 오직 내 안에 존재할 뿐이란 것을 알게 된 것이다.

지금까지 챕터 1, 2, 3을 통해 오더의 이론과 사례에 대해 다뤄 보았다. 도움이 되었길 바란다. 다음 챕터에서는 영적 자각과 체험에 대한 이야기를 나누려고 한다. 분명 더 재밌어질 거다. 잘 따라와 주길 바란다.

Order

Chapter 4

영적 체험

너는참
도마 같은 사람이구나!

부자의 길과 성자聖者의 길은 같다. 이 둘은 모두 특정 깨달음을 얻은 자들이다. 여기에서 깨달음이란 영적 자각을 말한다.

깨달은 자들은 많은 이들에게 선한 영향력을 미친다. 성자는 지식과 지혜로, 부자는 물건과 서비스로 선한 영향력을 미친다.

둘 모두 영적 자각을 통해 영의 창조능력을 활용한 결과이다.

그런데 많은 사람들은 영의 성질에 '도덕'을 대입하는 우를 범한다. 영은 항시 헌신적이어야 하고, 세속적 이득을 탐해선 안 된다는 식이다. 자신의 이득을 취하는 이기적 행동은 오로지 생각과 감정에 의해 일어나며, 영은 그러한 행동을 자제하도록 우리를 일깨우는 주체라고 인식한다.

하지만 영의 입장에서 생각해 보기 바란다. 영에게 있어 선과 악은 없다. 선과 악을 구분하는 것은 대립성에 지배되는 생각의 영역이다. 영은 오로지 생각과 감정이 유도한 대로 즉, 우리가 상상한 대로 관심을 갖고 그것을 현실화시킬 뿐이다.

그렇다고 선한 행동이든 악한 행동이든 구분 없이, 영이 시키는 대로 해도 된다는 말은 아니니 곡해해서 듣지 않길 바란다. 어디까지나 영의 성질이 그렇다는 얘기일 뿐이다.

의심 많은 목사의 아들

이번 장에서는 이러한 지점을 깨닫기까지, 나의 개인적인 영적 체험과 영적 자각에 대한 이야기를 나눠보고자 한다.

미리 밝히지만 나의 수기는 그 당시에 몸담은 특정 종교의 관점에서 쓰여 있다. 그렇기에 특정 종교의 관점이 강하게 제시되지만, 어디까지나 '영적인 이야기'로 이해해 주길 바란다.

나의 아버지는 목사다. 그리고 외할아버지 또한 목사다.

그러다 보니 나는 어렸을 때부터 성경과 관련된 여러 영적 지식들에 대해서 접할 기회가 많았다. 나는 어렸을 때부터 성경을 읽고 암송했다. 그것은 목사 아들의 숙명 같은 것이었다. 또한 여러 영적 체험들도 직간접적으로 경험할 수 있었다.

아버지는 내가 초등학교 5학년 때 충청북도 보은군 거현 2리라는 산골짜기 동네에서, 대전 목동이라는 도시로 개척을 나왔다. 그때의 일이 아직도 기억난다. 하루는 아버지가 가족회의를 소집했다. 그리고 "하나님께서 개척을 나가라고 말씀하셨다"고 말했다.

그렇게 우리 가족은 대전 목동이라는 동네로 오게 되었다. 지금 그 자리에는 더샵이라는 브랜드 아파트가 들어서 있다. 하지만 처음 개척을 나왔을 때는 완전 달동네였다. 그 위에 목원대학교가 있었는데, 가난한 대학생들은 우리 동네에서 자취를 많이 했다.

시골 교회에서 짐을 나르시던 할머니, 할아버지 권사님들과 장로님들이 어떻게 이런 곳에서 사시냐고 눈물을 보였던 것이 기억난다.

개척을 한 교회에서는 매년 방학 때마다 성경 통독 행사를 했다. 덕분에 나는 지금까지 살면서 성경을 통으로 12번

정도 읽을 수 있었다.

성경은 총 66권으로 되어 있는 책이다. 구약은 39권, 신약은 27권으로 되어 있다. 구약은 '오래된 약속'이라는 뜻이고, 신약은 '새로운 약속'이라는 뜻이다. 구약은 신화, 역사서, 왕의 어록 등으로 이루어져 있다. 신약은 예수의 행적을 기록한 것과 여러 편지글, 그리고 예언서로 이루어져 있다.

개척 교회 목사의 자녀들은 바쁘다. 내가 봤을 때 나와 내 동생은 어렸을 적부터 전도사 한 명 또는 두 명이 해야 할 일을 족히 해냈던 것 같다.

나는 고등학교 때부터 주일학교 교사가 되었다. 지금 생각해 보면 내가 가르친 아이들과 나이 차이도 별반 나지 않았던 것 같다. 하지만 교사였기에 매주 성경 구절을 어떻게 하면 쉽고 재미있게 가르칠 수 있는지 연구할 기회를 가질 수 있었다. 이건 후일 내가 강사로 살아갈 때 큰 자산이 되었다.

강의를 하다보면 '어떻게 강사님은 말씀을 그렇게 잘하느냐?'는 질문을 받을 때가 있다. 당신도 개척 교회 목사의 아들로 태어났다면 나만큼, 아니 나보다 더 말을 잘할 수 있었을 것이다.

나의 주일학교 교사였던 분에 대해서도 생각난다. 중학생 때 주일학교 교사로서 우리를 가르쳤던 대학생 여성 신도가 있었다. 그 선생님은 이제 막 교회를 다니기 시작한 새내기였다.

중학생이었던 나는 치기 어린 마음에 '나보다 더 적은 지식을 밑천 삼아 교사를 하고 있다'는 생각이 들었다. 지금 생각해 보면 교만이었지만 말이다.

당시 나는 성경을 보며 도무지 이해가 가지 않는 부분들이 너무 많았다. 하루는 날을 잡고 그 선생님에게 이것저것 물어 보았다. 모두 대답하기 어려운 질문이었다. 이 질문들은 지금도 교회 안에서 그 답을 찾으려고 하면 꽤 어려울 것이다.

예를 들면 이러한 질문들이다.

하나님을 믿지 않으면 지옥에 가나요? 그럼 하나님이 지옥도 창조하셨나요? 그런데 왜 사랑의 하나님이죠?

이슬람 사람들은 모두 지옥에 가나요? 그들 또한 하나님의 자녀들 아닌가요? 그럼 조선시대 전의 모든 조상들은 모두 지옥에 있나요?

자꾸 잃어버린 영혼을 찾아야 한다고 하는데, 우주의 모든 것이 다 하나님의 것 아닌가요? 대체 뭐를 잃어버리신 거죠?

하나님은 전지하고 전능하시다고 하는데, 왜 에덴동산 사건이 일어난 건가요? 그건 전지에서도 벗어나고, 전능에서도 벗어나난 것 아닌가요?

왜 기독교를 믿는 국가들끼리 전쟁을 벌이는 거죠? 그럼 하나님은 누구 편인가요?

이밖에도 많았다. '왜 십일조 봉투에 꼭 이름을 쓰는 것인지', '그것을 왜 예배시간에 꼭 읽어야 하는 것인지'까지 말이다.

특히 교회에서는 부흥회 때마다 죄에 대해서 말하고, 회개에 대해서 말하는 것이 반복되었다. 나는 그때마다 의구심이 들었다. 성경에 따르면 이미 예수가 십자가에서 모든 죄를 대속했다. 하지만 여전히 교회에서는 매주 예수를 십자가에 다시 못 박고 있다는 생각이 들었다. 그것은 마치 죄에 집착하는 것처럼 보이기도 했다. 사랑의 하나님이라는 이름 하에 더 많은 판단과 더 많은 정죄가 있다는 것도 아이러니했다.

물론 요즘은 이것이 생각의 법칙인 대립성에 따라 이뤄지는 일이라고 이해하고 있지만 말이다.

지금 나는 교회를 비판하는 것이 아니다. 이것들은 그 당시 내가 지녔던 정말 순수한 의문이었다.

하지만 이 의문들은 결코 교회라는 테두리 안에서는 풀

수 없는 의문들이었다.

당시 저런 질문을 받은 선생님은 울상이 되었다. 나도 거기서 멈췄어야 했다. 하지만 멈추지 못하고 계속 질문을 했다. 그러자 선생님은 나에게 한마디 했다.

너는 참 도마 같은 사람이구나!

내가 평생 동안 들었던 그 어떤 욕보다 더 심한 욕이었다. 당시에는 꽤나 충격적인 말이었다. 그리고 그 선생님은 그 다음 주에 교사를 그만두었다 죄송해요! 선생님. 물론 지금 생각해 보면 실소가 나오지만 말이다.

믿음은 의심에서 비롯된다

도마는 예수의 열두 제자 중 한 명이다. 성경에서 도마는 의심의 대명사로 불린다. 모두 예수가 부활했다고 말할 때 끝까지 믿지 못한 제자가 바로 도마이다.

내가 그의 손에 못자국을 보며, 내 손가락을 그 못자국에 넣어 보지 않고는 믿지 아니하겠노라.

_요한복음 20:25

도마는 예수가 부활했다고 말하는 제자들에게 꽤나 도발적인 말을 했다. 저 말은 너희들이 본 것이 헛것이 아니냐는 뉘앙스의 말이기도 했다.

그러자 친절한 예수는 그런 도마에게 와서 뚫린 못자국을 친히 보여 주었다. 그리고 말했다.

> 네 손가락을 이리 내밀어 내 손을 보고, 네 손을 내밀어 내 옆구리에 넣어 보아라. 믿음 없는 자가 되지 말고 믿는 자가 되라.
> _요한복음 20:27

도마는 기어코 자신의 손가락을 못자국이 난 스승의 손과 옆구리에 넣어 보았다. 그리고 그 앞에서 이러한 고백을 한다.

> 도마가 대답하여 이르되 나의 주님이시요 나의 하나님이시니이다.
> _요한복음 20:28

성경에서는 도마의 의심을 미련한 것으로 묘사하고 있지만, 나는 도마와 예수의 장면을 볼 때마다 가슴이 뭉클하다. 예수는 자신을 의심하는 제자를 버리지 않았다. 그는 직접 나타나 보여 주고, 만지게 해 주었다.

이후 도마는 강한 확신과 믿음을 가지게 된다. 전승에 따르면 예수의 열두 제자 중 가장 먼 곳까지 선교를 간 것이 도마이다. 다른 제자들이 로마 제국 영향권 아래에서 선교를 할 때 도마는 먼 인도까지 가서 복음을 전하게 된다.

나는 영적 자각은 도마와 같은 자세로 받아들여야 한다고 생각한다. 그냥 덮어 놓고 믿는 것도 좋다. 하지만 그러한 믿음은 실존하는 믿음이 아니다.

영적 자각 즉, 영의 창조능력에 대한 우리의 믿음은, 그 능력을 직접 체험해 보지 않고는 완벽하게 이뤄질 수 없다.

오더를 통해
신의 음성을 듣다

내가 영적 체험에 대해 진지하게 접근하기 시작한 건 27살 무렵부터였다. 27살의 나는 어땠을까? 나는 지금도 그때가 내 인생의 가장 밑바닥이었다고 생각한다.

나는 고등학교 2학년 때부터 만화 입시 미술 학원에 다녔다. 당시 내 꿈은 만화 스토리 작가가 되어 책을 출판해 보는 것이었다. 나는 그렇게 관련 학과에 진학했고 군대를 전역한 후 대학을 졸업했다.

인생 밑바닥에서 겪은 영적 체험

이후 시간이 지나 27살이 되었다. 그때 내 앞에 펼쳐진 현실은 말 그대로 처참했다. 애니메이션 회사에 취직했는데 출근

첫 날 정확히 알게 되었다. 나와 애니메이션은 맞지 않는다는 것을. 나는 겨우 100일을 버티지 못하고 회사에서 도망쳐 나왔다.

회사에서 뛰쳐나온 후 아버지 집으로 왔다. 3개월 정도 시름시름 앓았다. 그동안의 과로로 인해 몸이 아파왔고 정신까지 무너져 있었다. 백수가 되어 3개월간 집에 누워만 있었다. 지금 생각해 봐도 그 당시 나의 삶은 정말 막막함 그자체였다.

그런 나를 보고 아버지가 제안한 곳이 바로 DTS였다. DTS는 Discipleship Training School의 약자로 번역하면 제자 훈련 학교 정도가 되는데, 예수전도단이라는 초교파 교단을 따지지 않고 모이는 단체 선교단체에서 운영하는 영성 훈련 프로그램이었다.

당시 DTS는 국내에서 '하나님의 음성 듣기'라는 훈련을 실행하는 곳으로 알려져 있었다. 백수가 되어버린 나에게 아버지는 하나님의 음성을 듣고 오라고 권하신 것이었다.

그렇게 2009년 3월, 나는 강원도 홍천에 있는 DTS에 가게 되었다.

그런데 나는 DTS에 가기 전부터 인상적인 영적 체험을 했다. DTS처럼 긴 기간 진행되는 영성 훈련 과정들은 보통 면접을 통해 훈련자를 선발한다. 서울에서 면접을 봤는데 당시 나는 DTS가 어떤 시스템으로 운영되는지도 전혀 몰랐다. 면접을 보고 와서 한 달 정도 뒤에 훈련에 참가해도 좋다는 소식을 들었을 뿐이었다. DTS에 가기 전까지 한 달 정도가 남아 있었을 무렵, 나는 일상생활의 대부분을 교회에서 보냈다. 딱히 할 일이 없었기도 했다.

그 당시 나는 예수전도단을 설립한 로렌 커닝햄Loren Cunningham의 저서 『하나님 정말 당신이십니까?』를 읽고 있었다. 그 책에서 로렌 커닝햄은 하나님의 음성을 듣는 방법에 대해 자세하게 알려 주고 있었다.

책에는 로렌의 어머니의 일화가 소개된다. 그녀는 평소에도 하나님의 뜻을 묻고, 실제로 하나님의 음성을 많이 들었다고 적혀 있었다. 또 로렌의 어린 시절 일화도 쓰여 있었는데 어느 날 로렌이 가족의 생활비로 쓸 돈을 잃어버린 적이 있었다. 그것을 알게 된 어머니는 조용히 하나님께 다음과 같이 기도를 한다.

주님, 주님은 그 5달러가 정확히 어디에 숨겨져 있는지 아십니다. 이제 우리가 기도합니다. 어디에 있는지 가르쳐 주세요. 우리의 생각 속에 말씀해 주세요. 그 돈이 한 주간 저희 가족 식

료품비라는 것을 주님은 아십니다.

그렇게 기도한 어머니는 잠시 기다린 후 어린 로렌에게 말했다. "로렌, 방금 하나님께서 그 돈이 수풀 아래에 있다고 말씀하셨다."

그리고 정말로 수풀 아래서 그 돈을 찾게 된다. 로렌은 이러한 영적 체험을 어려서부터 많이 했다.

그의 어머니는 하나님의 인도하심에 대해 다음과 같이 말한다.

다른 사람을 통해 하나님의 인도하심을 받는다는 것은 위험한 일이야. 다른 사람으로부터 하나님의 인도하심을 확인할 수는 있지. 하지만 만약 하나님께서 무엇인가 중요한 것을 말씀하시려 한다면 우리에게 직접 말씀하실 거야.

나는 그 책을 보고 나 또한 하나님의 음성을 듣기 원한다는 것을 알게 되었다. 그래서 새벽 예배 때 다음과 같은 기도를 했다.

"주님, 저도 주님의 음성을 듣기 원합니다."

그러던 어느 날 새벽, 놀라운 체험을 하게 된다. 그 체험은 아직까지도 생생하다. 새벽 예배가 끝나고 아침 햇살이

들어올 때까지 홀로 기도를 하고 있었을 때였다.

그때 너무나 또렷하고 생생한 육성이 귀에 들렸다 반복해서 말하지만, 이 글을 종교적인 이야기가 아니라 영적인 이야기로 이해하길 바란다.

아.프.리.카.로.가.라.

나는 깜짝 놀라 뒤를 돌아보았다. 하지만 그곳에는 아무도 없었다. 당시 나는 홍천 DTS에 '아프리카 아웃리치 Outreach, 선교를 동반한 봉사활동' 준비 과정이 있다는 사실을 몰랐다. 생애 최초로 그것도 육성으로 신의 음성을 들었다고 생각하니 소름이 돋았다.

그리고 다시 기도로 물었다.

"정말 하나님이신가요? 그럼 증거를 보여 주세요."

그날은 수요일이었는데 오후에 이모 부부가 집에 들렀다. 이모와 이모부는 선교사였다. 아버지는 그날 수요예배 시간에 이모부를 강단에 세웠다. 전혀 약속되어 있지 않은 일정이었다.

그렇게 수요예배가 시작되었는데 나는 새벽에 들은 음성에 대해 계속 생각하고 있었다. 아프리카로 가라는 말이 무슨 뜻일까? 내가 잘못 들은 것일까? 아니면 진짜 하나님의 음성이었을까? 생각에 몰두해 있는 사이 설교 시간이 되었고 강단에 선 이모부가 설교를 시작했다.

"여러분, 조나단 리빙스턴이라는 사람을 알고 계신가요? 그는 아프리카의 선교사로…" 선교사인 이모부가 리빙스턴 Jonathan Livingston에 대한 이야기를 하면서 정확히 아프리카라는 단어를 일곱 번 반복했다.

순간 온몸에 전율과 소름이 돋았다. 우연의 일치라고 하기에는 너무 정확했기 때문이었다. 이후 나는 DTS 훈련을 거치면서 내가 아프리카로 가리라는 것을 '알게' 되었다. DTS 동기들과도 이 이야기를 나눴는데 모두 신기해했다.

음성은 창조의 증거다

지금 생각해 보면 위의 질문 자체가 하나의 오더였다. 나는 하나님의 음성을 들을 수 있을 것이라는 기대와 믿음을 가지고 오더를 내린 것이었다. 그리고 실제로 들을 수 있었다.

음성을 듣는 것은 영의 창조능력에 대한 강력한 증거다.

흥미롭게도 최근, 이에 대한 나의 강연을 들은 어떤 분이 비슷한 경험을 한 사건이 있었다. 하물며 그분은 크리스천도 아니었다. 그 분은 내가 강의에서 말한 것을 그대로 실천했다가 실제로 "안녕! 내 사랑 잘 잤어?"라는 중저음의 목소리를 들었다고 한다.

우리의 오더는 꼭 물질세계의 현실만을 창조하는 것이 아니다. 우리가 영적 체험을 기대하고 그것에 대한 오더를 내릴 때도 오더는 정확히 작용한다.

지금 이 글을 읽고 있는 당신이 어떤 종교를 갖고 있으며 그에 대해 해결되지 않는 의문을 갖고 있다면, 당신의 영, 혹은 신, 또는 거대한 흐름에 그에 대한 답을 구하는 오더를 내려라. 그러면 빠른 시일 안에 그 답을 듣게 될 것이다.

당신은 이런 식으로 오더를 내릴 수 있다.

나를 정말 사랑하나요? 그럼 그 증거를 보여 주세요. 나만을 위한 특별한 것을 준비해 주세요. 그리고 내가 그것을 알아차릴 수 있도록 해 주세요.

그러고 나서 무엇인가를 보게 될 것이라는 기대를 가져 보길 바란다. 당신은 곧 놀라운 것을 경험하게 될 것이다.

사소하지만
반드시 이루어지는 오더

현재 나는 스스로를 기독교인이 아니라 '영성가'로 정의 내리고 있다. 그리고 다른 종교에 대해서도 자유롭게 받아들이고 있는 편이다.

내면 깊숙이에 있는 영, 그것은 여러 이름으로 불린다. 잠재의식, 존재의 근원. 혹은 진眞자아 등으로 말이다.

우리는 종교가 있든 없든 영성가가 될 수밖에 없다. 신을 믿지 않는 이들도 자신의 내면 깊은 곳에 있는 영까지 부정할 수는 없다. 만약 영의 존재를 부정한다면 그는 아직 자신의 존재를 자각하지 못한 자일 뿐이다.

오더로 남편감을 구하다

그러나 종교는 그 자체로 영을 자각할 수 있는 좋은 통로가
되는 것은 사실이다.

종교적 활동 중에서의 오더는 대부분 즉각적인 답을 얻
을 수 있다. 이때 우리는 신, 혹은 우주가 얼마나 유머러스한
지도 알 수 있다.

홍천 DTS에는 하나님 음성 듣기에 대해서 전설과도 같
이 내려오는 에피소드가 있다. 그 에피소드는 '백마탄 왕자
님' 에피소드라고 불린다. 바로 신경규 선교사 부부의 이야
기이다.

그 부부는 12살 차이가 나는데, 아내 쪽이 12살 연상이
다. 홍천 DTS에서 처음 만난 둘은 당시 간사 스텝으로 일을 하
고 있었다. 아내는 지금의 남편이 된 간사 형제가 너무 까분
다는 생각을 늘 했다고 한다. 12살이나 차이가 나는데 매일
찾아와서 장난을 쳤으니 말이다.

하루는 이 여자 간사 분이 반려자에 대한 기도를 하고
있었다. 여자 간사님의 기도는 재미있게도 다음과 같았다.

주님! 백마 탄 왕자님 같은 형제를 저에게 보내 주세요.

여자 간사님은 아주 오래 전부터 백마 탄 왕자님을 보내 달라고 기도했다고 한다. 자신의 삶을 완전히 바꿔줄 그런 왕자님을 만나고 싶었다고.

그렇게 기도하던 어느 날 드디어 마음속에서 강력한 하나님의 음성을 듣게 된다.

내 딸아! 오늘이 그날이다.

너무 선명하게 들린 하나님의 음성에 여자 간사님은 깜짝 놀랐다. 그리고 그때부터 심장이 요동치기 시작했다. 그토록 기다렸던 반려자에 대한 기도가 드디어 응답된 것이었으니 말이다.

여자 간사님은 두근거리는 마음으로 예배당을 나와 홍천 학교로 들어오는 입구 쪽으로 걸어갔다. 분명 백마 탄 왕자님이라면 그쪽으로 들어올 거라 생각했다. 그리고 그 순간 저 멀리서 소리가 들렸다고 한다.

자매님~~~

소리가 난 쪽을 본 여자 간사님은 그만 그 자리에 털썩 주저앉아 무릎을 꿇고 만다. 12살 아래의 남자 간사가, 어디서 구했는지 하얀 백마 모양의 망가진 유아용 목마를 타고, 수련원 입구 쪽에 있는 언덕길을 신나게 내려오고 있었다고 한다!

그렇게 두 분은 결혼을 하게 되고, 반려가 되어 함께 아프리카 탄자니아로 가게 되었다.

한편, 이 에피소드 외에 배스킨라빈스 이야기도 있다. 홍천 DTS에서는 3개월 간 훈련을 마치고 나면 아웃리치라는 선교 훈련을 떠나는데 국내 2팀, 해외 2팀으로 나눠서 간다. 이 이야기는 국내 팀으로 갔던 한 자매가 겪은 일이다.

예수전도단에서 아웃리치를 갈 때는 하나님 음성 듣기를 기본으로 한다. 어디로 갈지 정하지 않은 상태에서 신의 음성을 듣고 가야 할 곳을 정하는 것이다. 그러면 어떤 이는 이미지를 보고, 어떤 이는 음성을 듣기도 한다.

그러면 팀이 모여서 그것들을 조합해 보고 행선지를 정한다.

오더로 아이스크림을 구하다

한번은 강원도 산골짜기로 간 팀이 있었다. 너무 고된 일정을 연속적으로 하니 단 것이 너무 먹고 싶었던 자매가 있었다.

그 자매는 하나님에게 진지하게 '배스킨라빈스 아이스크림이 먹고 싶어요'라고 기도를 했다. 그리고 팀원들에게도 그 기도 내용을 알렸다. 그러자 모두들 나중에 훈련 끝나고 집에 가서 먹자는 반응을 보였다.

그렇게 그 팀은 봉사를 할 할머니 성도의 집으로 향했다. 홀로 사는 할머니였다. 아주 오래된 집에, 더 오래된 식탁에 간소한 밥을 차려 주셔서 그 자매와 다른 팀원들은 맛있게 밥을 먹었다.

식사를 한 뒤 할머니는 마침 생각났다는 듯 냉동실을 열었다. 그러자 거기에는 놀랍게도 배스킨라빈스 아이스크림이 떡 하니 있었다고!

지난주에 손주들이 할머니를 보러 왔는데, 그때 사가지고 온 모양이었다.

그 자매는 펑펑 울면서 그토록 먹고 싶었던 배스킨라빈스 아이스크림을 먹었다고 한다.

신기하지 않은가? 정말 사소하지만 이런 것도 오더라고 볼 수 있다.

내가 실험해 본 결과 특히 먹을 것에 대한 오더들은 정말 잘 이루어진다. 먹거리에 대해서는 생각과 감정이 아무런 저항 없이 둘 다 동의하기 때문일 것이다.

오더로 치킨을 구하다

나 역시 아주 사소하지만 비슷한 경험을 한 사례가 있다.

군대에 있을 때였다. 나는 공군 헌병 출신이다. 공군 헌병 중에는 헌병 대대가 있고, 헌병 소대가 있다. 나는 헌병 소대에 있었는데, 그곳에서 수행하는 주 임무 중 하나가 '라인'이라고 불리는 비행기 활주로를 지키는 일이었다.

지킨다고 해 봤자 오고가는 차량을 검문 검색하는 것이다였다. 활주로로 진입하는 길이기에 당연히 일반인은 없고, 부대 안에 있는 장교와 부사관들의 차량만 있었다.

당시 나는 상병이었고, 나랑 같이 근무를 한 친구는 일병이었다. 하루는 그 일병이 나에게 물었다.

"정말 하나님께 기도하면 들어 주십니까?"

밑도 끝도 없는 질문이었다. 나는 그 후임에게 "그렇지 않을까? 직접 기도해 봐"라고 답해 주었다. "어떻게 기도하는 겁니까?"라는 질문에 원하는 것을 말하고, 끝에 "예수님 이름으로 기도했습니다, 아멘"이라고 붙이면 된다고 말해 주었다.

"치킨 먹고 싶다고 기도하면 들어줄까요?"라고 묻기에 기도해 보라고 대답했다. 그 후임은 정말 진지하게 생애 최초의 기도를 올렸다. "하나님, 치킨이 먹고 싶습니다. 예수님 이름으로 기도했습니다, 아멘." 진지한 기도치곤 너무 소박했지만 나도 같이 "아멘"이라고 답해 주었다.

교회에 가면 자주 들을 수 있는 '아멘'은 '나도 동의합니다. 나도 그렇게 되길 믿습니다'라는 의미다. 잘 생각해 보면 아멘은 선언과 선포의 오더이다. 아멘을 조금 더 정확하게 말하자면 '확고하다. 신실하다. 믿다'라는 의미가 담긴 히브리어인 '아만'이라는 단어에서 파생된 말이다. 참고로 '할렐루야'는 '하나님을 찬양합니다'라는 뜻이다. 그래서 교회에 가면 '할렐루야-아멘'이라는 조합을 많이 듣게 되는 것이다.

어쨌든 그 진지하고도 소박한 기도를 드린 후 30분이 지났을 때 검정색 차량이 우리 앞에 섰다. 라인 근무자는 해당 부대 모든 장교들의 차 번호를 외우고 있었다. 파일럿이 탄 차였다. 보통 파일럿들은 까칠한 편이었다.

그런데 그 차가 우리 앞에 서더니 창문을 내리기 시작했다.

"필승!"

"어, 필승! 너네 배고프지? 이거 먹어라."

그 파일럿은 정말 뜬금없이 치킨 4박스가 든 비닐 봉투를 건네주었다.

"필승! 감사합니다."

"어~ 그래! 수고~."

그리고 라인 안으로 들어가 버렸다. 나랑 후임은 어안이 벙벙한 상태로 잠시 서 있었다. 나는 부대에 보고를 했고, 경계 근무가 끝난 뒤 부대에서 그 치킨을 먹을 수 있었다.

후임은 놀라서 말했다. "조 상병님, 조금 무섭습니다." 자신의 기도가 그렇게 빨리 정확히 응답되었다는 사실에 꽤나 충격을 받은 모양이었다.

아주 사소한 오더이지만 먹을 것에 대한 기도는 정말 확실히 응답받는다. 한번 실험해 보기 바란다. 먹고 싶은 음식을 생각해 보고, 그것을 기다려 보는 것이다.

이때 재미있는 점이 하나 있다. 만약 그 음식이 언제든 먹을 수 있고 당신에게 그럴 돈이 있다면 그냥 사먹도록 하자. 그 자체로 오더가 이뤄지는 것이다. 그때 내리는 오더는 진짜 오더일 테니 말이다.

먼저 나의 잔을
가득히 채워라

앞서 나는 부자와 성자가 동일하다고 말했다. 아직도 이 말에 저항을 느낀다면 당신 안에는 돈과 관련해 아직 처리되지 못한 저항이 있는 것이다. 그 저항이 당신에게 들어올 돈들을 막고 있다고 보면 된다.

성자든 부자든 존재 그 자체가 풍요로워야만 그 자리까지 갈 수 있다. 여기서 존재가 풍요롭다는 것은 무슨 의미일까? 그것은 내 안에 무엇인가가 가득 차 넘치는 상태를 말한다. 성자들에게 사랑이 넘친다면, 부자들에게는 무엇이 넘칠까? 부자들에게는 열정과 아이디어, 그리고 확신이 넘쳐난다. 그 모든 것이 오더인 것이다.

그렇다면 왜 대부분의 사람들이 평범하게 살거나, 가난 속에서 살게 될까? 그것은 자신의 잔이 넘치지 않았는데 자꾸 소모해 버리기 때문이다.

너무나 이기적으로 보이는 가르침

다시 홍천 DTS 훈련생 시절로 돌아가 보자. 2009년에 나는 홍천에서 3개월, 아프리카 탄자니아에서 3개월 간 영적 훈련을 받았다.

6개월간 받았던 영적 훈련에서 나에게 가장 강렬했던 가르침은 한 가지였다. 어떻게 보면 상당히 비도덕적인 가르침처럼 보이기도 한다.

나의 잔이 가득 차서 넘치기 전에 그것을 남에게 주지 말라.

이 구절은 성경 시편에서도 가장 유명한 구절, 바로 시편 23편에 나오는 구절을 비튼 것이다. 시편 23편은 다윗이라는 인물이 지은 아름다운 시이다. 교회를 다니지 않아도 어디선가 한 번쯤 들어보거나 읽어본 구절일 것이다. 보통 식당 같은 곳에 가면 액자 형태로 벽에 걸려 있는 것을 많이 볼 수 있다.

시편 23편

1. 여호와는 나의 목자시니 내게 부족함이 없으리로다.

2. 그가 나를 푸른 초장에 누이시며 쉴만한 물가로 인도하시는도다.

3. 내 영혼을 소생시키시고 자기 이름을 위하여 의의 길로 인도하시는도다.

4. 내가 사망의 음침한 골짜기로 다닐지라도 해를 두려워하지 않을 것은 주께서 나와 함께 하심이라. 주의 지팡이와 막대기가 나를 안위하시나이다.

5. 주께서 내 원수의 목전에서 내게 상을 차려 주시고 기름을 내 머리에 부으셨으니 내 잔이 넘치나이다.

6. 나의 평생에 선하심과 인자하심이 정녕 나를 따르니 내가 여호와의 집에 영원히 거하리로다.

이 부분을 읽은 강사는 대부분의 사람들이 상처를 받는 이유에 대해 설명해 주셨다. 내 잔이 가득 차서 넘치지 않았는데, 자신의 교만으로 남에게 무엇인가를 주기 때문에 우리는 상처받고 지치고 쓰러진다는 것이었다.

이 부분을 설명한 뒤 강사는 이제는 그러지 말고 스스로의 잔이 가득 차서 넘칠 때까지 기다리라고 당부했다. 그것이 자신을 사랑하는 것이라는 말과 함께.

어찌 보면 너무 이기적으로 들리는 말이었는데, 그때 참 많은 위로가 되었다. 지난날 나는 얼마나 많은 이들의 잔을 채우려 내 잔을 비웠던가…. 얼마나 많은 이들에게 인정받으려 내 잔을 비웠던가…. 넘치지 않은 잔을 가진 나는 얼마나 초라했던가!

이웃을 사랑하기 전에 나를 사랑하라

많은 기독교인들이 오해하고 있는 것이 하나 있다. 그것은 바로 예수가 말했던 것 중 가장 중심이 되는 구절이다.

> 네 이웃을 네 자신 같이 사랑하라.
> _누가복음 10:27

여기에서 우리는 '네 이웃을 사랑하라'에 초점을 맞출 때가 많다. 하지만 그 전에 '네 자신 같이'라는 구절에 집중해야 한다. 이것은 나 자신을 사랑하지 않는다면, 결코 남도 사랑할 수 없다는 뜻이다.

내가 자신을 허용하지 않고 사랑하지 않는데, 어떻게 남을 사랑할 수 있겠는가! 나의 잔이 차서 넘치지 않는데, 어떻게 남의 잔을 채울 수 있겠는가! 나 자신이 풍요롭지 않은

데, 어떻게 남에게 풍요로움을 줄 수 있겠는가! 그것은 원칙적으로 불가능한 일이다.

우리가 원하는 현실을 창조하기 위해서는 가장 먼저 '나'를 받아들이고, 사랑해야 한다. 그 이유는 모든 창조는 나의 생각과 느낌에서부터 출발하기 때문이다. 내가 생각하고 느끼는 것이 바로 '오더' 그 자체라는 것을 기억해야 한다.

겉으로는 아무리 밝고 긍정적인 생각을 하는 사람처럼 보여도, 내면의 나를 받아들이지 않는 경우가 많다. 머릿속에 좋은 생각들이 아무리 가득하더라도, 내가 스스로를 받아들이지 않는 한 원하는 현실을 창조하기는 어렵다.

주께서 내 원수의 목전에서 내게 상을 차려 주시고 기름을 내 머리에 부으셨으니 내 잔이 넘치나이다.

_시편 23:5

이 구절에 등장하는 '잔'이 의미하는 것은 나의 영적인 상태다. 영적 풍요는 영적 자각에서 나온다.

사실 우리 영의 원래 상태는 풍요 그 자체다. 그럼에도 우리의 영이 결핍 상태에 놓이게 된 것은 우리가 그렇다고 착각하게 됐기 때문이다. 나의 잔이 비워져 있다고 생각하는 것이다. 하지만 실상은 결핍되었다는 생각 자체가 나의 잔이 비워져 있도록 만드는 것이다.

결핍되어 있다는 생각은 나 자신을 받아들이지 못하기 때문에 만들어진다. 내가 부족하다고 믿기 때문이다. 무엇인가를 더 해야 하고, 무엇인가 자격을 획득해야만 한다는 착각이다. 그것은 온전히 나 자체로 충분히 가치 있다는 사실을 부인하게 만든다.

이것은 마치 황금이 자신의 가치를 더하기 위해 다른 금속이 되려고 노력하는 것과 비슷하다. 있는 그대로가 가장 가치 있는데도 말이다.

모든 것은 내 안에 있다. 이 세상에 이미 존재하고 있다. 그것을 알아차리는 것이 바로 영적 자각이다. 이것을 자각할 때 비로소 우리는 내 잔이 가득 찼다는 고백을 할 수 있게 된다.

반면에 잔이 차기 전에 움직이는 것은 우리를 상처 받게 하고, 좌절하게 만든다. 우리는 비어 있는 잔에 내가 되고자 하는 모습을 가득 채워야 한다.

그것은 행위로 채워지는 것이 아니다. 그 잔은 생각과 감정으로, 즉 에너지로 채워야 하는 것이다. 그리고 그 잔이

채워질 때까지 생각과 감정에 사로잡힌 후 고요히 기다려야
하는 것이다.

당신은 이미 가치가 있다. 당신의 본 모습 그대로를 이 세
상이 기다리고 있다. 그저 당신은 오더를 내리면 된다. 그리
고 당신의 잔을 가득 채우기만 하면 된다. 그러면 당신 안에
서부터 풍요가 넘쳐흐르기 시작할 것이다.

절망 속에 기뻐하는
다윗의 오더

성경에는 우리가 너무나 잘 알고 있는 이야기가 하나 있다. 바로 다윗과 골리앗의 이야기이다. 비기독교인도 대부분 알고 있을 정도로 비유로 많이 사용되고 있다.

거인을 물리친 소년

다윗이 활동하던 시기 이스라엘 군대와 블레셋 군대는 서로 대치한 상태였다. 상대측에는 골리앗이라는 거인 장수가 있었는데 그는 엄청난 무력의 소유자였다.

골리앗은 진영 앞으로 나와 자신과 1대 1로 맞붙을 자가 있냐고 도발했지만, 이스라엘 군대에 있는 어느 누구도 그 거인을 보고 감히 도전할 수 없었다.

그때 16살의 소년 다윗이 나타났다. 그는 자신이 전장에 나가 저 거인을 쓰러트리고, 이기겠다고 왕에게 말했다.

이때 다윗은 골리앗을 쓰러뜨리겠다는 정확한 의도가 담긴 생각과 자신이 믿는 하나님이 도울 것이라는 강한 확신의 감정으로 오더를 내렸을 것이다.

이스라엘의 초대 왕 사울은 못 미더웠지만, 그 소년을 빼면 누구도 전장에 나가려 하지 않았기에 다윗에게 갑옷과 무기를 내줬다.

소년은 갑옷을 입고 무기를 들어보았는데 자신의 것이 아니라는 생각에 왕이 준 갑옷과 무기를 내려놓았다. 그러고는 자신이 늘 사용하던 슬링돌을 던지기 위한 도구, 무릿매라고도 불린다과 시냇가에 있는 매끄러운 돌 5개를 챙겨 나갔다.

마침내 작은 소년이 거대한 거인 앞에 섰다. 갑옷도 그럴싸한 무기도 없이 전장에 나온 소년을 보고, 골리앗은 처음엔 당황했다.

하지만 잠시 후 거인의 당황은 분노로 변했다. 자신이 모욕당했다고 느낀 것이다. 거인은 그 소년을 죽이기 위해 달려가기 시작했다.

그때 소년은 아주 능숙하고, 침착하게 슬링에 물맷돌을

넣고, 그 거인을 향해 던졌다. 눈 깜짝할 사이에 그 돌은 골리앗의 이마에 박혀 골리앗을 쓰러뜨렸다.

절망 속에서도 기뻐하는 다윗

여기까지가 우리가 잘 알고 있는 다윗과 골리앗의 이야기이다. 다윗이 골리앗을 이기고 난 뒤에는 어떻게 되었을까? 우리가 지금부터 나눌 것은 그 뒤의 이야기이다.

거대한 거인 골리앗을 물리친 다윗은 국가적인 영웅이 된다. 사람들은 다윗을 칭송했다. "사울이 죽인 것은 천천이요, 다윗이 죽인 자는 만만이다"라고 외쳐댔다. 즉 초대 왕 사울보다 다윗이 더 위대하다는 뜻이었다. 입지가 약했던 사울 왕은 이 말을 듣고 더 불안해졌다.

결핍의 씨앗은 결핍의 열매를 맺는다는 말을 기억하는가? 이때 사울 왕의 에고는 결핍이 결핍을 낳는 악순환에 빠져 있었다.

불안해진 사울 왕에게 그의 딸마저 다윗에게 시집을 보내 달라고 요청한다. 한낱 양치기에 불과했던 다윗은 그렇게 왕의 사위가 되었다.

사울 왕의 의심증과 정신 분열증은 점점 더 심해졌다. 그의 결핍이 그를 미치게 만들고 있었던 것이다. 그런데 아이러니하게도 사울이 미친 증상을 보일 때마다 다윗이 와서 하프를 연주해 주면 진정이 되었다고 한다.

하지만 여전히 사울은 두려워했고, 끊임없이 의심했다. 결국 사울은 다윗을 죽이기로 결심했다. 상황은 급작스럽게 변했고 다윗은 이제 도망자 신세가 되어 버렸다. 국가의 영웅이었던 그는 반란자들의 우두머리가 되어 도망 다니기에 바빴고, 강한 권력을 가진 왕은 그를 잡아 죽이라고 명했다.

많은 암살자와 군대가 다윗을 추격하기 시작했다. 그런 상황에서 다윗은 인류 역사상 가장 유명한 '시'를 짓고, 기쁨으로 노래를 했다.

이것이 바로 시편 23편의 배경이다.

시편 23편

1. 여호와는 나의 목자시니 내게 부족함이 없으리로다.

2. 그가 나를 푸른 초장에 누이시며 쉴만한 물가로 인도하시는도다.

3. 내 영혼을 소생시키시고 자기 이름을 위하여 의의 길로 인도하시는도다.

4. 내가 사망의 음침한 골짜기로 다닐지라도 해를 두려워하지 않을 것은 주께서 나와 함께 하심이라. 주의 지팡이와 막대기가 나를

안위하시나이다.

5. 주께서 내 원수의 목전에서 내게 상을 차려 주시고 기름을 내 머리에 부으셨으니 내 잔이 넘치나이다.

6. 나의 평생에 선하심과 인자하심이 정녕 나를 따르니니 내가 여호와의 집에 영원히 거하리로다.

이 시를 자세히 보면 다윗의 현재 상황과는 전혀 맞지 않다는 것을 알 수 있다. 그러나 다윗은 위와 같은 상황을 바라고 '확신'하고 있었다. 그렇기에 모든 상황을 현재 시제로 표현하고 있다. 다윗의 확신에는 강렬한 '느낌'이 담겨 있는 것이다.

그렇다! 이 시 자체가 바로 다윗의 '오더'이다.

당신의 현실을 인정하지 마라

우리는 여기에서 오더에 숨겨진 중요한 비밀을 배울 수 있다. 바로 지금 내 눈앞에 보이는 현재를 인정할 필요가 없다는 사실이다. 우리가 자주 빠지는 함정 중 하나가 바로 눈앞에 있는 '원하지 않는 현실'을 고백하는 것이다.

예를 들어보자. 어느 날 당신은 스스로가 창조자라는 것을 자각한다. 이제 당신이 원하는 것들을 '오더'를 통해 창조하기 시작한다. 그러던 중 당신이 원하지 않는 현실을 발견하게 된다. 그것은 고지서일 수도 있고, 카드 할부금일 수도 있다. 혹은 현재 처해 있는 여러 가지 부정적 환경들일 수도 있다.

이때 우리는 종종 이런 고백을 해 버리고 만다.

요즘 경기가 좋지 않아서, 사업이 쉽지 않아.
요즘에는 믿을 만한 직원이 없어.
인건비가 너무 올라서 전혀 남지가 않아.
세금이 너무 많이 나왔어. 낼 돈이 없어.

이러한 고백들은 내가 내린 오더와 충돌을 일으킨다. 왜냐하면 이런 말 자체가 또 하나의 오더이기 때문이다. 우리는 원하는 것을 말하고 생각할 때보다, 원하지 않는 것을 말하고 생각할 때 더 쉽게 감정을 느끼곤 한다. 그래서 부정적인 오더는 효과를 내기가 더 쉽다.

이럴 때 우리는 다윗의 오더를 기억할 필요가 있다. 그는 도망자였다. 하루아침에 모든 것을 잃고, 모욕적이고 굴욕적인 상황을 감내해야 했다. 매일 밤 목숨의 위협을 당하는 상황이었다.

우리가 아무리 실패했어도 다윗이 처한 상황만큼 처절하지는 않을 것이다. 다윗은 그런 상황에서도 현재 눈앞에 보이는 것을 고백하는 것이 아닌, 자신이 원하는 것을 고백하고 있었다. 또한 그 고백은 '언젠가'라는 미래 시제가 아니라, 지금 이 순간이라는 현재 시제에 뿌리를 두고 있었다.

어떻게 하면 자신이 원하는 현실을 만들 수 있는지 알고 있었던 것이다.

당시 다윗은 모든 것이 부족한 상태였다. 하지만 그는 "나에게 부족함이 전혀 없다!"라고 말했다. 다윗은 매우 피곤하고 전혀 쉬지 못하는 상황이지만 그는 "나는 지금 쉬고 있다!"라고 고백한다. 다윗은 극히 혼란스럽고 두려운 상황에서도 "확신을 가지고 있다!"고 말한다.

그러자 그는 자신의 잔이 가득 차게 된다는 것을 알게 되었다. 그 잔은 다윗의 존재 상태를 상징한다. 잔이 가득 찬 그는 더 이상 결핍된 상태가 아닌 풍요의 상태에 들어갔고 이것은 그가 오더를 내릴 수 있는 최상의 상태에 진입했다는 것을 의미한다.

이후 다윗은 어떻게 되었을까? 그는 결국 이스라엘의 두 번째 왕이 된다.

만약 당신이 지금 처한 상황이 어렵다고 느껴진다면, 다윗의 오더를 기억하기 바란다. 그리고 당신이 현재 어떠한 고백을 하고 있는지 잠시 살펴보길 바란다. 당신은 어떤 말들을 하고 있는가? 그 말은 현재의 상황을 고백하고 있는가? 아니면 당신이 바라는 상황을 고백하고 있는가?

어리석은 자만이
기적을 일으킨다

앞서 인류 역사상 생각에 대한 최고 권위자는 붓다이고, 믿음에 대한 최고 권위자는 예수 그리스도라고 말한 바 있다. 여기에서는 믿음에 대한 얘기를 해 보도록 하겠다.

　신약성경에는 유독 믿음에 대한 말들이 많이 나온다. 그 중 가장 유명한 구절이 하나 있다.

> 내가 진실로 너희에게 이르노니 누구든지 이 산더러 들리어 바다에 던지우라 하며 그 말하는 것이 이루어질 줄을 믿고 마음에 의심하지 아니하면 그대로 되리라.
>
> _마가복음 11:23

　엄청난 구절이다. 우리가 믿음을 가지면 내 눈 앞에 있는 산이 들리어서, 바다로 던져진다니.

　그런데 어디선가 비슷한 이야기를 들어보지 않았는가? 우리는 이와 비슷한 이야기를 하나 더 알고 있다. 바로 사자성어 우공이산愚公移山 속 이야기다.

우공이산에 대한 오해

사실 우공이산의 주제는 '믿음'이다. 그런데 우리나라에서는 유독 노력은 보답받는다는 의미로 잘못 쓰이고 있다. 우공이산의 이야기를 잘 살펴보면 노력과는 아무런 관계가 없다는 것을 알게 된다.

　　북산에 어리석은 노인우공, 愚公이 살고 있었다. 그의 집 앞에는 태항산과 왕옥산이라는 커다란 산이 있었다. 우공은 이 두 산을 옮겨 산을 돌아서 가야 하는 불편을 덜고자 했다. 그러나 우공은 이미 나이가 90세에 가까웠다.
　　우공이 자식들과 손자들에게 자신의 생각을 말하자 모두 찬성하였다. 그런데 그의 아내만, 산을 파면서 나온 돌과 흙을 어디에 버리느냐며 반대를 했다. 우공은 발해 바다에 버리면 된다고 대답했다. 그러자 아내도 찬성했다.
　　며칠 뒤 우공은 자식들과 함께 산의 돌을 깨고 흙을 파서 삼

태기에 담기 시작했다. 마을에 사는 과부인 경성 씨와 그녀의 일곱 살 난 아들 역시 우공을 도와주었다. 그런데 마을의 지혜로운 노인이자 우공의 절친한 친구인 지혜로운 노인 지수, 智叟이 그것을 보고 걱정이 되어 우공에게 말했다.

"우공, 제발 그러지 말게, 자넨 이미 아흔 살이라 너무 늙었네. 산을 허물기도 전에 필시 죽을 것일세."

그러자 우공은 껄껄 웃으며 말했다.

"이보게, 지수. 내 걱정은 말게나. 나야 늙었지만 나에게는 자식도 있고 손자도 있다네. 내가 죽으면 아들이, 아들이 죽으면 손자가, 그 손자가 죽으면 그 자식이 자식을 낳아 자자손손 한 없이 대를 잇겠지. 우리는 계속 늘어날 테고, 산은 더 불어나는 일이 없지 않은가. 그러니 언젠가는 평평하게 될 날이 올 걸세."

이 말을 들은 지수는 할 말이 없어 물러났다. 그런데 우공의 말을 지수뿐만 아니라 태항산에 살고 있는 산신령과 왕옥산의 산신령, 그리고 발해에 살고 있는 바다 신도 듣게 되었다. 그들은 결국 저 우공이라는 자가 산을 바다에 넣겠다는 생각에 두려워지기 시작했다. 그 두 개의 산이 바다에 들어가면, 산신령들은 살 곳이 없어지는 것이고 바다 신 또한 바다가 없어지기에 살 곳이 없어질 것이었다.

그들은 옥황상제에게 좋은 방법을 알려달라고 도움을 요청했다. 하지만 옥황상제는 우공의 뜻과 정성에 감동했다. 결국 옥황상제는 천계에서 가장 힘이 센 거신 과아씨의 두 아들을 시켜 산을 들어 옮기게 하였다. 옥황상제의 명에 거신들은 우공의 집 앞뒤에 있던 두개의 산을 하나는 삭동에 하나는 옹남에 두었다고 한다.

_열자 탕문 편 우공이산 愚公移山

여기까지가 우공이산의 이야기다.

그런데 과연 우공은 어떤 노력을 했을까? 우공이 노력한 것은 앞에 있는 산을 아주 조금 파낸 것뿐이었다. 그가 엄청난 계획을 세운 것은 맞지만, 결국 산을 옮긴 것은 그의 믿음에 감복한 옥황상제였다.

그의 노력이 아닌 그의 믿음이 일을 가능케 한 것이다.

우공은 자신이 이 산을 없앨 수 있다고 진심으로 믿었다. 주변의 똑똑한 사람들이 와서 그를 말렸지만, 그의 머릿속에는 그의 가족들이 대대로 산을 옮겨낸 모습이 이미 그려져 있었다. 그러한 믿음을 본 옥황상제가 산을 옮겨 주었다.

옥황상제의 권능은 우주에 퍼져 있는 신의 에너지장의 작용을 상징한다. 실제로는 우공이 오더를 내려 그의 영이 현실을 변화시킨 것이다. 그 진상이 어떻든 사람들은 상상도 못한 방법으로 산은 하루아침에 사라져 버리게 된다.

흔들리지 않는 믿음

다시 한번 마가복음의 내용을 살펴보자.

> 내가 진실로 너희에게 이르노니 누구든지 이 산더러 들리어
> 바다에 던지우라 하며 그 말하는 것이 이루어질 줄을 믿고
> 마음에 의심하지 아니하면 그대로 되리라.
>
> _마가복음 11:23

우리는 어떤 문제가 생겼을 때 그 문제가 해결되기를 바라며 오더를 내린다. 하지만 다음 순간 곧바로 '설마 이렇게 쉽게 해결이 되겠어?'라는 생각을 해버리고 만다. 그럼 산이 공중에 뜨려 하다가도 다시 그 자리에 가라 앉아버린다. 반대되는 생각과 감정의 에너지가 서로 충돌해버렸기 때문이다.

예를 들어 '나는 4,000억 원을 벌었다!'라고 고백한다고 가정해 보자. 이 발언은 우공이 '저 높은 산을 없애겠다'라고 말한 것과 비슷해 보인다. 세상 사람들에게는 정말 어리

석은 말로 들릴 것이다.

우리가 이러한 고백을 할 때 그것은 현실로 나타날 준비를 한다. 아주 조금일지라도 4,000억 원을 번다는 목표에 다가가는 것이다. 하지만 잠시 뒤 '내가 어떻게 4,000억 원이나 되는 큰돈을 벌 수 있겠어. 말도 안 되지'라고 생각해 버린다. 그러면 4,000억 원은 다시 허공으로 사라져 버린다.

우리의 인생에 등장하는 거대한 산은 결코 노력으로 없앨 수 있는 것이 아니다. 그 산은 오직 영의 창조능력을 불러오는 믿음으로 없앨 수 있다.

세상 사람들에게 그 믿음은 어리석어 보이기도 한다. 하지만 어리석어 보이는 믿음만이 인생에서 기적을 일으킨다. 그 믿음만이 거대한 산을 순식간에 옮겨 버릴 수 있다.

인류의 역사에 대해 잠시 생각해 보자. 모든 진보는 어리석은 믿음에서부터 창조되었다. 하늘을 나는 비행기, 땅을 질주하는 자동차, 언제든 낮을 창조할 수 있는 전기와 전등, 가만히 앉아서 전 세계 곳곳과 연결될 수 있는 노트북과 인터넷.

이 모든 기적 같은 창조물들이 어디에서 나왔는지 생각해 보자. 그것들은 모두 어리석어 보이는 믿음에서 나왔다.

언제 어느 때든 우리의 오더는 한없이 어리석어 보인다. 하지만 반드시 이루어진다. 산은 없어지고, 당신의 문제는 해결된다. 그러니 우공이 되어라! 우공과 같은 믿음을 가져라! 그런 다음 그 거대한 산을 향해 오더를 내려라. 이제 그만 바다로 꺼지라고!

Chapter 5

명상 이야기

5-1.

갈급함 속에서 찾은
명상의 필요성

2017년에 두 번째 책을 출간하고, 정말 많은 곳에 '저자 특강'이란 것을 하며 다녔다. 저자 특강의 특성상 동일한 콘텐츠를 가지고, 매번 새로운 사람들을 만나게 된다.

그렇게 몇 년에 걸쳐 같은 강의를 반복하다 보면 그 강의의 퀄리티는 정말 높아지게 된다. 하지만 강사 입장에서는 같은 이야기를 매번 반복하기에 감정이 소진된다는 느낌을 받기도 한다.

한창 그런 느낌을 받고 있을 무렵 내적 충전을 하고 싶은 갈급함이 생겨났다. 당시 나는 자기계발 분야 책들에 푹 빠져 있었는데, 그것들은 모두 하나의 결론으로 귀결된다는 사실을 발견했다. 바로 '명상'이었다.

모든 자기계발 책은 결국 명상을 수행할 것을 제안한다.

그 이유는 모든 자기계발의 결론은 결국 아무것도 계발할 것이 없다는 것 즉, 내가 계발하고자 하는 것은 이미 내 안에 있다는 깨달음을 얻는 것으로 끝이 나기 때문이다.

담마 코리아에 찾아가다

그러한 사실을 깨달은 나는 명상 자체를 배우고 싶어졌고 그에 대한 오더를 내렸다. '분명히 나에게 딱 맞는 명상 코스가 있을 거야!'라고 생각했고 명상을 배울 수 있는 곳들을 찾아보기 시작했다.

다만 대부분의 명상 코스들은 생각보다 비쌌다. 가까운 곳에 있는 명상 센터를 찾아보니 1년에 200만 원 가까이 든다는 사실을 알게 되었다.

그럴 거면 차라리 명상 강사 과정을 취득하는 게 좋겠다는 생각을 들었다. 명상 강사 과정은 300만 원이었는데 강사 자격증을 취득하고 나서, 강의를 하면 금방 회수할 수 있겠다는 생각을 했다.

하지만 '이거다!'라는 내적 신호가 없었기에 조금 더 기다려 보기로 했다. 나는 DTS에서 '음성 듣기'에 대한 훈련을 받은 상태였기에, 어떤 일을 시작할 때면 내면의 목소리를 들어 보는 것이 습관화되어 있었다.

우리의 영은 우리의 현실을 창조하는 주체이기에, 우리가 하려는 일이 어떻게 흘러갈지 대체로 알고 있다. 이 일이 실패할지 성공할지, 내 일인지 아닌지를 '미리' 알고 우리에게 속삭여 준다.

하지만 대부분의 사람들은 내면의 목소리에 귀 기울이지 않고, 그냥 일을 진행할 때가 많다. 분명히 '이 일은 아닌 거 같아…'라는 목소리가 들리는데도, 상황 때문에 혹은 욕심 때문에 그 일을 하는 경우가 있다. 시간이 지나고 일을 망치고 나서야 사람들은 그런 목소리가 들렸다는 걸 어렴풋하게 회상할 뿐이다.

물론 영은 아무 판단도 하지 않았는데, 그 순간의 우려와 염려로 '오더'를 내려 원치 않은 상황을 만들어 내는 경우도 있다. 내면의 목소리는 욕망이나 갈급함의 형태를 갖고 있지도 않고 우려와 염려 같은 형태를 갖고 있지도 않다.

내면의 목소리는 항상 의도치 않은, 예상할 수 없는 인식의 형태로 다가온다. 이 또한 영적 체험이기에 말로 전달하는 데는 한계가 있으며, 직접 체험해야만 그것이 무엇인지를 정확히 알 수 있다.

그러나 마음을 평온히 한 상태에서 일상을 살아가다 보

면 누구나 들을 수 있는 것이 내면의 목소리다. 우리가 해야 할 것은 내 안에서 피어나는 모든 인식과 생각에 귀를 기울이는 것이다.

그즈음 내가 운영하는 카페에서 매주 토요일마다 독서 모임을 개최했는데, 한 번은 유발 하라리Yuval Harari의 『사피엔스』를 읽게 되었다. 책을 읽으며 자연스럽게 유발 하라리에 대해 검색을 하게 되었고, 내 유튜브 알고리즘은 나에게 그에 대한 여러 가지 정보들을 보여 주기 시작했다.

그러던 중 어떤 인터뷰 영상을 보게 되었다. 그 인터뷰에서 유발 하라리는 자신이 명상을 배운 덕분에 『사피엔스』를 쓸 수 있었다고 말했다. 그러면서 자신이 명상을 배운 곳이 담마라는 명상 센터라는 이야기를 했다.

궁금해서 검색해 보니 전 세계 200군데에 그들의 명상 센터가 있다는 사실을 알게 되었다. 그리고 놀랍게도 우리나라에서도 운영되고 있었다.

반가운 마음에 곧바로 전화를 해 보았다. 담마에서는 자신들의 사이트에서 훈련 과정을 신청하고, 전화로 면접을 본 뒤 승인이 나면 훈련 센터에 입소할 수 있다고 안내해 주었다.

나는 가장 빠른 훈련 과정을 신청하고 전화 면접을 보았다. 이후 훈련 코스에 참가해도 된다는 승인을 받았고, 나는 곧장 진안에 있는 담마 명상 센터로 향했다. 대전 터미널에서 진안 터미널까지 버스를 타고 간 후에 다시 시내버스를 타고도 한참 들어가야 나오는 곳이었다.

버스 정류장에 내려 15분 정도를 걸어가니 명상 센터가 보였다. 학생들은 여자 40명, 남자 40명으로 총 80명이었다. 명상 훈련을 하기 전에 간단한 안내를 받고, 개인물품을 모두 맡겼다. 그러고 나서 모두 1인실을 배정받았다.

난생 처음 느껴 본 편안함

담마에서 가장 신선했던 점은 핸드폰, 노트북을 포함해 노트나 볼펜까지 일체의 모든 물품을 맡겨야 한다는 것이었다. 또 과정이 끝날 때까지 '침묵'을 유지해야 하며, 신체 접촉과 시선 접촉, 그리고 인사를 하지 말라는 가이드도 있었다.

나는 그때 침묵의 편안함을 난생 처음으로 느꼈다.

보통 새로운 모임에 가면, 우리의 에고는 다른 사람에게 잘 보이고 싶다는 욕망을 피워 올린다. 그리고 거기에 많은 에너지를 쓴다. 모두들 느껴 본 적 있을 것이다. 새로운 곳에 가서 느끼는 그 중압감 같은 감정을 말이다.

언제 가서 인사를 하지?

어떤 모습을 보여 주지?

어떤 말을 해야 하지?

저 사람은 누구일까?

저 사람은 나를 어떻게 볼까?

이런 생각들과 감정들은 우리의 에너지를 대량으로 소모시키는 주범이다.

그런데 입소 첫 날부터 침묵할 것을 요구하고, 눈도 못 마주치게 하니 너무 편안했다. 나를 소개할 필요도 없고, 인사조차 할 필요도 없었다.

식당에는 자기 자리와 식판이 배정되어 있었다. 그리고 서로 마주 보고 식사를 하는 것이 아니라 모두 같은 방향을 보고 먹게끔 되어 있었다. 맨 앞줄에 있는 사람은 벽을 보고 식사를 하고, 그 다음 사람부터는 앞에 사람의 등을 보며 식사를 하는 방식이었다.

식단 또한 매우 간단했다. 아침에는 사과 반쪽과 죽, 점심은 약간의 밥과 나물 반찬, 저녁에는 차가 제공되었다. 불교 기반의 영성훈련 센터니 당연히 고기반찬은 없었다.

첫날 나는 매우 편안하다고 느끼기도 했지만 심심하다고

느끼기도 했다. 정말 오랜만에 느껴보는 심심함이었다.

담마에서 훈련을 받고 난 뒤, 나는 그곳에서 느낀 심심함을 의도적으로 만들어 내기도 한다. 핸드폰과 노트를 넣어 두고, 하루 종일 고요히 있는 시간을 가지는 것이다.

그러면 새로운 것을 깨닫게 된다. 바로 하루가 얼마나 긴지에 대한 깨달음이다. 또한 내면의 바쁨은 환상이라는 것을 깨닫게 된다. 하루는 언제나 길고, 내가 원하는 모든 것을 이루기에 인생의 시간은 적당하다는 것을 깨닫게 된다.

고통을 해석하면
사라지는 두려움

사실 담마에 가기 전까지 나는 불교에 대해 오해하고 있었다. 불교는 불상을 두고 절을 하고, 무엇인가 소원을 비는 곳이라고 생각했던 것이다.

불교에서 명상의 목적은 '모든 것은 생겼다가 사라진다'는 것을 이해하는 데 있다. 그래서 생 자체가 환상이라는 것을 깨닫는 것이 수행의 궁극적 목적이다.

붓다는 그 깨달음을 얻기 위해 스스로 여러 가지를 테스트했다. 쾌락을 추구해 보기도 하고 고행을 해 보기도 했지만 여전히 생에는 고통이 가득했다. 고통을 통한 수행은 우리를 현재에 있게 한다. 하지만 고통이 사라지는 순간 다시 마음은 번잡해지게 된다. 쾌락도 마찬가지이다.

호흡을 관찰하는 아나빠나

그래서 붓다는 전혀 다른 방법으로 수행을 하게 된다. 바로 호흡과 감각이었다. 자신의 호흡과 감각을 관찰함으로 자신의 실체를 자각하고, 깨달음을 얻은 것이다.

담마에서는 이러한 고대 불교의 가르침을 알려 준다. 즉, 붓다의 수행 방법인 위빳사나와 아나빠나Anapana를 실행하는 것이다.

담마 센터에서 수련을 시작하면 우선 3일 동안 '아나빠나'라는 명상을 배우게 된다. 아나빠나란 한마디로 말해 호흡을 관찰하는 명상법이다. 가만히 앉아서 그저 나의 날숨과 들숨을 지켜보는 것이다.

3일 정도 훈련하면 숨이라는 것이 어떤 콧구멍으로 들어오고 나가는지를 알아차릴 수 있게 된다.

신기하게도 숨은 두 콧구멍 모두에서 들어오지 않고, 한쪽으로 들어와서 반대쪽으로 나간다. 그러니까 왼쪽 콧구멍으로 들어왔으면 오른쪽 콧구멍으로 나가는 것이다. 물론 모든 경우에 그렇다는 것은 아니다.

그리고 또 한 가지 알게 되는 것은 콧구멍으로 들어올 때의 바람은 시원하고, 나갈 때의 바람은 따뜻하다는 것이다. 당연한 얘기이긴 하지만 아나빠나를 수행하기 전까지는 그러한 사실을 의식하지 못한 채 살아왔다.

평소에는 왜 이러한 것들을 알아차릴 수 없었을까? 그것은 우리가 평소에 너무 많은 자극들을 받으며 살기 때문이다.

우리가 세상에서 느끼는 모든 자극은 전기로 이뤄져 있다. 인체의 감각기관과 뇌가 전기로 수신호하게 되어 있기 때문이다. 보는 것도, 듣는 것도, 맡는 것도, 먹는 것도, 느끼는 것도 모두 결국은 전류가 되어 뇌의 시냅스로 들어온다. 그리고 뇌는 그 전기 자극들을 해석한다.

뇌의 입장에서 보면 우리의 모든 경험은 전기로 구성된 허상일 뿐이다. 뇌는 직접 볼 수도, 들을 수도, 느낄 수도 없다. 감각기관을 통해 전류가 들어오면 그것을 해석하여 뇌 속에서 재구성해야만 의미가 생기는 것이다.

이러한 허상 속에서 뇌는 호와 불호를 만들어 낸다. 각각의 호와 불호들은 마음의 찌꺼기라 불리는 상카라 Sankhara 를 만들어 놓는다. 명상의 목적은 내 마음 속의 상카라들을 치워 내는 것이다. 그러기 위해서는 뇌가 만들어 낸 모든 호와 불호를 내려놓아야 된다.

담마에서 진행하는 커리큘럼은 심플하다. 새벽에 일어나 새벽 명상을 하고, 아침을 먹고 아침 명상을 하고, 점심을 먹고 점심 명상을 하고, 저녁을 먹고 법문을 들은 다음 법사에게 질의응답을 하는 시간을 갖는다.

그런데 수련생들은 아나빠나를 하면서 가장 많은 좌절을 느끼곤 한다. 그 이유는 자신의 마음이 마음처럼 되지 않기 때문이다.

아나빠나는 정말 간단하다. 콧구멍 근처에 가상의 삼각형을 만든다. 그리고 거기에 의식을 집중한 채, 가만히 관찰하고 있으면 끝이다. 세상에 이처럼 쉬운 일은 없다.

하지만 그 관찰의 시간이 길지 못하다는 것에서 좌절을 경험한다. 콧구멍을 관찰하던 마음은 어느새 저 멀리 날아가서 별의별 생각들을 다 가져오기 때문이다. 그럴 때면 좌절과 함께, 실망과 분노를 느끼기도 한다.

전체 질의응답 시간 때 수강생 중 한 명이 법사에게 질문을 던졌다.

"명상을 하는데 자꾸 딴생각이 들어요. 어떡해야 합니까?"
"딴생각이 드는 것은 당연한 일입니다. 자연스러운 것이지요. 그럴 때는 그냥 알아차리십시오. '아… 내가 딴생각을 했구나'라고 알아차리세요. 하지만 그 생각에 끌려가지는 마세요. 다시 주의를 콧구멍으로 가져오세요. 그리고 지켜보세요."

너무 간단하면서도 명료한 해결책이었다. 그렇게 3일간 아나빠나 훈련을 하는데 내 평생 3일 동안 콧구멍에 그렇게 깊게 집중한 적은 그때가 처음이었다.

감각을 관찰하는 위빳사나

4일차부터는 위빳사나 수행을 시작한다. 위빳사나는 감각 관찰 명상법이다. 머리부터 발끝까지 주의를 이동시키면서 어떤 감각이 있는지를 관찰하는 것이다.

나는 그전까지 스님들은 그냥 가만히 벽을 보고 아무 생각 없이 명상하는 줄 알았다. 그런데 그게 아니었다. 그들은 정말 많은 일을 하고 있는 중이었다.

처음 위빳사나 훈련에 들어가면 평정심을 갖는 방법을 지도 받는다. 모든 감각이 일어났다 사라진다는 것을 직접 관찰해 보는 시간을 갖는 것부터 시작한다.

앉은 상태에서 명상을 하다보면 다리가 저리기 마련이다. 하지만 4일차부터는 명상 중에 움직이는 것을 최대한 자제하는 훈련도 같이 하게 된다. 다리가 저리면 '아… 다리가 저리구나'라고 인식하기만 하라고 한다.

그렇게 계속 앉아 있으면 '이러다 다리가 끊어지는 것은 아닐까?'라는 생각이 들 정도로 다리가 아픈 순간이 온다. 그때부터는 이미 만들어 둔 마음, 그러니까 에고가 날뛰기 시작한다. 온갖 생각들을 다 하게 만드는 것이다.

다리가 너무 아파!
다리 좀 움직인다고 별문제 있겠어?
이게 무슨 도움이 되지?

정말 별생각이 다 든다. 하지만 배운 대로 그 생각을 그냥 관찰하고, 내버려 두는 수행을 하기도 한다. 고통이라는 것을 찬찬히 관찰해 보는 것이다.

처음에는 고통을 관찰한다는 사실 자체가 많이 낯설었다. 우리는 고통에 반응하고, 피하도록 길들여져 있기 때문이다. 인생을 살면서 고통을 관찰해 본 적은 한 번도 없는게 당연하다.

5일차가 됐을 때 모든 수강생들이 궁금해 하던 질문을 누군가가 던졌다.

"다리가 너무 아플 때는 어떡해야 하죠?"
"그냥 아픈 것을 바라보세요. 아프다는 것을 인정하세요. 하지만 아픈 것에 끌려가지 마세요. 아픈 것은 아픈 대로 놔두고, 머리부터 발끝까지 천천히 관찰하는 작업을 계속하세요. 아픈 것은 일어났다 사라집니다. 모든 것은 일어나고, 사라진다는 것을 관찰하세요. 생각도 마찬가지로 일어났다 사라집니다. 고통도 일어났다 사라집니다. 쾌락도 일어났다 사라집니다."

그때부터 나는 고통과 맞서지 않고, 배운 대로 지켜보고, 인정하고, 옆에 놔두는 연습을 했다. 그러면서 내가 할 일을 했다. 머리부터 발끝까지 천천히 관찰하는 것이 내가 할 일이었다.

내버려두면 사라지는 고통의 특성

고통은 계속 관찰하다 보면 어느 정도 있다가 고통이 사라지는 것을 알게 된다.

그렇다고 한순간 갑자기 사라지는 것은 아니다. 보통은 고통에서 무통으로 변한다. 다리 전체에서 더 이상 뇌에 신호를 주지 않는 것이다. 그럼 허리 아래부터 발목까지 모두 사라져 버린 느낌을 받게 된다.

위빳사나는 그런 상태에서도 여전히 감각을 관찰해 보도록 진행된다. 사라졌지만 의식을 거기에 두면 어떠한 감각

신호가 느껴진다는 것이다. 여기에서 더 깊은 과정으로 들어가면 무통을 넘어 시원한 감각을 느끼게 된다.

가만히 앉아서 위빳사나를 하다 보면, 에고가 자신을 봐 달라고 소리를 치기 시작한다. 그럼에도 불구하고 위빳사나를 계속하고 있으면 에고는 아주 예전의 기억과 감정들을 심연 깊은 곳에서부터 끄집어낸다.

그것들은 나의 의식이 그림자 영역에 존재하고 있을 때 형성된 기억과 감정들이다. 호와 불호를 없애는 과정에서 풍요와 결핍에 매몰되어 있던 기억들이 하나씩 고개를 치켜드는 것이다.

담마 센터에서는 그때 일어나는 생각들을 그냥 관찰하고, 붙잡지 말고, 봐 주는 훈련을 하라고 한다. 이때쯤부터 어떤 이들은 갑자기 대성통곡을 하기 시작한다. 감정에 휩쓸린 것이다. 너무 크게 울면 스텝이 와서 울지 말라고 주의를 준다. 옆 사람이 울더라도 그냥 받아들이고, 거기에 관심을 두지 말라는 주의도 받는다.

고통을 관찰하다 보면, 고통이 여러 가지 자극들로 뭉쳐졌다는 사실을 알 수 있다. 전에는 그냥 뭉뚱그려서 '고통' 혹은 '다리가 아프다'라고 인식했는데, 그것을 관찰하다 보면 눌리는 느낌, 저릿저릿한 전기 통증, 뻐근함 같은 여러 가지 복합적인 신호들이 그 안에 있는 것을 볼 수 있다.

고통이 주는 여러 가지 감각을 해석하지 못한 상태에서는 고통을 두려워할 수밖에 없다. 하지만 고통을 있는 그대로 받아들이고 그것의 구성을 해석한 뒤에는, 내가 두려워하는 것만큼 고통스럽지 않다는 것을 알게 된다.

그러면 우리는 두려움이 우리 안에 있는 허상이라는 것을 깨닫게 된다. 그때 우리는 그 자리에 존재하게 되는 것이다.

한참 뒤에야 깨우친
내려놓음의 진의

간혹 어떤 가르침들은 나중에야 그 진의를 깨닫게 되는 경우가 있다. 담마 12일 코스에서 얻은 가르침들이 그랬다. 훈련을 끝내고 집에 돌아온 나는 당장의 큰 변화를 느끼지는 못했다. 그냥 '아하! 명상은 이렇게 하는 거였군!' 정도였다. 또한 명상과 불교에 대한 전체적인 이해도가 올라갔다.

명상 훈련을 막 받고 나서는 내면의 목소리를 듣기가 조금 더 수월해졌다는 것을 느끼기도 했다. 그러나 그 점을 빼면 큰 변화는 없었던 것 같다. 담마에서의 가르침을 제대로 이해하게 된 것은 그로부터 몇 년의 시간이 흐른 후의 일이었다.

예상치 않게 찾아온 세금 문제

2023년은 내가 '오더'라는 개념을 깨닫고 실험을 거쳐 성과를 내기 시작한 해였다. 작은 일식집을 폐업한 뒤 온라인 비즈니스를 통해 부자가 되겠다고 결심을 하자 내 앞에 여러 가지 일들이 펼쳐졌다.

그때 나는 온라인 비즈니스를 어떻게 시작해야 할지 감도 못 잡고 있었기 때문에 우선 '오더'를 내렸다.

나는 온라인 비즈니스 사업에 입문했어! 그리고 많은 돈을 벌었어!

이렇게 감정을 담아 생각하자, 얼마 안 가 나의 '오더'는 현실이 되었다. 2023년도 2월부터 12월까지 단 10개월 만에 12억 원이라는 매출을 올린 것이다. 클래스유에 올린 강의도 1억 원 가까운 매출을 올렸다.

한번 상승세를 탄 이후에는 여러 가지 추가 강의를 런칭해서 수익을 내는 게 수월해졌다. 저널링 챌린지, NLP 자격 과정, 온라인 마케팅 과정, 부동산 재개발 투자 과정, 타로 수익화 과정, AI 전문가 과정, 책 쓰기 수익화 과정 등등. 물론 그 강의들을 전부 내가 만든 것은 아니다. 나는 이미 콘텐츠를 가지고 있는 강사들과 조인트해서 강의를 런칭하는 방식으로 돈을 벌었다.

그것이 가능했던 이유는 3,200만 원짜리 고가 과정을 통해 비즈니스 기술을 배워놓은 상태였기 때문이다. 그때 내가 배운 기술은 커리큘럼을 기획하는 방법, 비인지를 인지로 바꾸는 방법, 퍼널을 짜는 방법, 세일즈를 하는 방법, 광고와 모객하는 방법 등이었다.

그런데 문제는 다음 해에 일어났다. 세무 사무소에서 걸려온 전화가 신호탄이었다.

"여보세요."
"대표님, 이번 세무 미팅 때 우황청심원을 드시고 오세요."
"네? 왜요?"
"세금이 생각보다 많이 나올 거 같아요."

나를 담당하는 여직원이 세무 미팅 전, 전화로 귀띔을 해주었다.

매출이 7억 5,000만 원을 넘어가면 성실 납부자가 되고, 종합소득세 비율이 올라가게 된다. 그때 내 명의로 잡힌 매출은 8억 원이었다. 강의 조인트를 통해 12억 원가량의 전체 매출이 났는데, 그중 8억을 내 이름으로 결제받은 상태였다.

성실 납부자가 되면 세무 사무소에서 따로 미팅을 갖는다. 나는 VIP 고객으로 분류되었다. 그 뒤에는 세무사가 30분에서 1시간가량 컨설팅을 해 준다. 나의 이번 연도 매출과 세금에 대한 분석표를 보여 주고, 어떻게 대응을 해야 세금을 줄일 수 있는지에 대한 이야기를 나눈다.

나를 앞에 앉혀둔 세무사는 한참 동안 자료를 들여다보고는 나를 보더니 담담한 표정으로 이렇게 말했다. "종합소득세가 1억 2,000만 원 정도는 나올 거예요. 괜찮으시겠어요?" 이후 세무사 대표는 왜 그 정도의 금액이 나오는지 설명해 주었다.

그때 내가 느낀 인상과 감정은 마치 죽음을 앞둔 시한부 환자의 것과 같았다. 세무사의 담담한 말은, 병명을 얘기한 뒤 이제 3개월 남았으니 준비하라는 의사의 말과 같이 느껴졌다.

사업을 해본 사람이면 알 것이다. 부가세와 종합소득세, 그리고 각종 세금을 내다보면 매달 무언가를 끊임없이 내고 있다는 결핍감이 들 때가 있다. 심지어 종합소득세를 내는 회원들은 세무 컨설팅 비용도 많이 나왔다. 기장비로 매달 15만 원씩 나가던 것이, 그때는 세무 컨설팅 비용으로 1,200만 원이 청구됐다.

그런 상황을 겪어 보지 않은 분들은 아마 배부른 소리라고 생각할 것이다. 물론 배부른 소리가 맞기도 하다. 그만큼 벌었으니 세금을 내는 것이니까. 그러나 배부른 소리라 해도 그것이 고통스러운 건 어쩔 수 없는 노릇이다.

벗어나려 할수록 중독되는 고통

나는 이때 세금을 '문제'로 받아들이는 실수를 하고 만다. 안타깝게도 그 문제는 나의 사고방식에 깊게 각인되었다. 스스로를 시한부 환자로 느낀 인상과 1억 2,000만 원이라는 세금이 너무나 부당하게 느껴지는 감정이 내 생각에 새겨진 것이다. 그래서 나는 세금에 대한 생각을 할 때마다 고통스러워졌다. 스스로 부정적인 오더를 내리고 만 것이다.

그러자 오더가 현실이 되어 찾아오기 시작했다. 매일 세금에 대한 걱정을 하니 헤모글로빈 수치가 급격하게 떨어지기 시작했다. 호흡이 가빠지고, 움직일 때마다 너무 힘들고 버거웠다. 말 그대로 육체가 내가 받아들인 인상을 그대로 재현해 주고 있는 것이었다.

남성의 경우 헤모글로빈의 정상 수치는 13~17이다. 그런데 나는 세금 걱정을 하며 심리적인 고통을 느끼다 보니 수치가 6.2까지 떨어져 버렸다. 결국 빈혈 증상과 숨이 가빠지는 과호흡 증상까지 보였다.

어떤 감정이든 계속해서 느끼면 '중독'되어 버린다. 이것은 마치 담배 혹은 마약과 같다. 담배를 피우는 사람들도 그것이 몸에 해롭다는 것은 알고 있다. 하지만 몸과 정신이 그 해로운 느낌에 중독되어 있기 때문에 거부하기 힘든 것이다.

감정도 그와 같다. 우리가 어떤 감정을 느낄 때 뇌는 그에 맞는 다량의 화학물질을 분비해 준다. 분노, 고통을 느낄 때 나오는 화학물질이 있고, 평안과 감사를 느낄 때 나오는 화학물질이 있다.

두려움과 고통을 느낄 때 우리 몸에서는 독에 가까운 화학물질들이 배출된다. 문제는 이 화학물질들에 우리가 '중독'된다는 사실이다. 걱정하고 두려워하는 마음이 나쁘다는 것을 알면서도 그것을 반복하는 것은, 그 감정을 느낄 때 나오는 화학물질에 우리가 중독되었기 때문이다.

'고통을 느끼지 말아야지!', '두려움을 느끼지 말아야지!' 라고 말할 때마다 우리는 더 많은 고통과 더 많은 두려움에 대해 생각하게 된다. 그러면 거기서 나오는 화학물질들을 더 갈구하게 된다.

나는 우선 담마에서 배운 명상 방법들을 실천해 보기로 했다. 눈을 감고 내 안의 세금에 대한 두려움과 그로 인해 발생하는 육체적 고통을 직시하기 시작했다.

우선 아무런 조치 없이 그것들을 있는 그대로 지켜보았다. 두려움과 고통은 점차 맹렬한 불꽃처럼 타올랐다. 그러고는 차츰 사그라들었다. 하지만 사그러들었다고 해서 완전히 사라지는 것은 아니었다. 두려움과 고통은 틈만 나면 다시 찾아와 나를 괴롭혔다.

그래도 명상을 통해 당장의 두려움과 고통에서는 해방될 수 있었기에 나는 계속해서 새로운 강의를 준비하고 이를 런칭시켰다. 새삼 담마에서 가르침을 받았던 것이 다행이라고 여겨졌다.

문제를 놓아주는 세도나 메서드

한 사업가가 있었다. 그는 정말로 열심히 사업을 했다. 돈이 없었기 때문에 그는 모든 사업을 무자본으로 시작해서 일으켰다. 돈을 많이 벌 때도 있었지만, 망할 때도 있었다. 그 사업가는 망하면 다시 도전하고, 망하면 다시 도전했다. 그럴 때마다 과한 스트레스와 압박감을 느꼈고, 급기야 몸에 여러 가지 병이 생겼다.

그러던 중 그는 43세에 심장 발작을 경험하고, 병원에 실려 가게 된다. 의사는 그 사업가에게 이제 생이 3개월밖에 남지 않았고 언제든 죽을 수 있다고 말해 주었다. 그는 큰

공포에 휩싸였고 자신의 호텔 방에서 인생에 대해 생각하기 시작했다.

전력을 다해 생각하던 중 깨달음을 얻게 되었다. 인생의 목적은 행복이고, 그 행복을 달성하기 위해서는 사랑하는 것이 중요하다는 사실이었다. 또한 고통은 언제나 내가 놓아줌으로써 없앨 수 있다는 사실도 깨닫게 되었다. 그가 이러한 자각을 했을 때 그의 모든 문제는 즉시 사라졌다. 몸의 모든 병은 나았고, 그의 재정과 인간관계도 모두 안정되었다.

그 사업가의 이름은 레스터 레븐슨Lester Levenson이다. 그는 3개월 동안 하나의 생각에 몰두한 끝에 인생의 본질에 대해 깨달았다. 그리고 자신이 깨달은 것을 삶에 적용시켜 보고 검증해 나가기 시작했다. 그런 다음에는 미국 애리조나주 세도나에 가서 사람들을 가르치기 시작했다. 그것이 바로 그 유명한 '세도나 메서드Sedona Method'이다.

내 안의 고통을 해결하기 위해 영에 대해 더 깊이 파고들었을 때였다. 함께 공부하던 지인이 레스터 레븐슨의 『깨달음 그리고 지혜』라는 책을 선물로 줬다. 그 또한 사업을 확장하면서 여러 문제를 겪고 있었는데, 이 책의 도움을 많이 받았다고 했다.

레스터 레븐슨의 세도나 메서드는 우리를 괴롭히는 삶의

고통을 다루는 방법에 대한 것이다. 그는 고통을 없애려 하지 말고 '놓아주라'고 말한다.

그 외에도 많은 명사들이 '놓아주라'는 말을 한다. 하지만 처음에 이 개념을 들으면 너무 모호하다는 생각이 든다.

놓아준다는 개념이 무엇인지 조금 더 깊이 파고 들어가 보자. 그러기 위해서는 우선 우리의 걱정과 염려가 어디에 속한 것인지를 살펴보아야 한다.

걱정과 염려는 온전히 생각의 영역 속에 속한 것이다. 그렇지 않은가? 걱정과 염려는 행동으로는 없앨 수 없다. 물론 격한 움직임이나 다른 행위를 통해 잠시 가려둘 수는 있겠지만, 그건 말 그대로 잠시뿐이다.

걱정과 염려는 생각 속에서 일어나는 일이기에 이것을 해결하는 것 또한 생각 속에서만 가능하다.

그렇다면 생각 속에서 어떤 작업을 해야 할까? 바로 '인식'과 '선택'이다. 지금 내가 걱정을 하고 있다는 것을 인식하고, 그 후에 그 걱정을 내려놓기로 선택하는 것이 핵심이다.

아래는 세도나 메서드의 기본적인 절차다.

1. 지금 나에게 있는 고통을 인식합니다.
2. 고통을 있는 그대로 충분히 느껴봅니다.

3. 그러고 나서 스스로에게 질문을 던져봅니다. '나는 이 고통이 주
   는 모든 감각들과 기억들을 환영할 수 있는가?'

4. 이 질문에 대해 예, 아니오로 답합니다. 무엇을 답하든 그 고통은
   자각되었기에 놓아줄 준비가 되었습니다.

5. 그 다음에는 이런 질문을 던져 봅니다. '나는 이 고통을 놓아줄
   수 있는가?'

5-1. 마찬가지로 예, 아니오로 답합니다. 무엇이든 괜찮습니다.

5-2. 만약 '아니오'라는 대답이 나온다면 다음 질문을 던져봅니다.
   '그럼 나는 이 고통을 계속 가져가기를 원하는가?'

5-3. 마찬가지로 예, 아니오로 답합니다.

6. 그 고통을 놓아줄 수 있는가라는 질문에 '예'라고 답했다면 다음
   질문을 던져 봅니다. '언제?'

7. 언제라는 질문은 '지금' 고통을 놓아 버릴 수 있도록 당신을 초대
   합니다.

위 절차는 세도나 메서드 절차를 직역한 것인데 조금은
복잡한 감이 있다. 같은 절차를 인식과 선택의 관점에서 명
료하게 정리하면 다음과 같다.

인식 단계

1. 걱정과 염려가 들 때 그것을 인식한다.

2. 걱정과 염려의 인식은 다음의 질문을 통해서 가능하다. '나는 이 고통이 주는 모든 감각들과 기억들을 환영할 수 있는가?'

3. 위 질문에 예, 아니오로 답한다. 무엇을 답하든 그 고통은 인식되었고, 이제 놓아줄 준비가 되었다.

선택 단계

1. 나는 이 고통을 놓아주기를 원하는가? 예, 아니오로 답한다.

2. 그 고통을 언제 놓아줄 것인가? 1년 뒤? 1개월 뒤? 1일 뒤? 아니면 지금?

3. 지금 그 고통을 놓아줄 것인가? 예, 아니오로 답한다.

생각에 대한 이해도가 낮은 상태에서 이 절차를 보면 말장난을 하는 것처럼 느껴진다. 하지만 걱정과 염려가 생각의 영역에 있고, 이것을 해결하는 것 또한 생각밖에 없다는 것을 이해한다면 위 방식은 매우 강력한 해결 방안이라는 것을 알게 된다.

설령 이해하지 못한다 해도 위 절차를 거쳐 고통을 내려놓겠다고 선택하는 순간 마음은 가벼워진다. 그것은 지금 나의 고통을 인식했고, 그 고통을 내려놓을 수 있는 결정권을 내가 가지고 있음을 자각했기 때문이다.

만약 고통을 내려놓겠다고 선택했음에도 다시 그 고통이 느껴진다면 어떡해야 할까? 간단하다. 절차를 다시 수행하면 된다. 이것은 읽기보다는 직접 체험하기를 통해 이해해야 하는 영역이다.

현재 당신에게 걱정과 염려라는 고통이 있는가? 위 절차를 테스트해 볼 매우 좋은 기회다. 직접 체험해 보자.

나는 이 방법을 통해 세금과 관련된 나의 고통을 즉각적으로 놓아줄 수 있었다.

무엇보다 나는 책을 읽으며 그 전에는 모호했던 개념들이 정확하게 이해되기 시작했다. 특히 놀라운 것은 이 책을 읽다 보니 몇 년 전, 담마에서 배웠던 것을 이제야 이해하게 된 것이었다.

몇 년 전 담마에서 훈련을 할 때 법사로부터 이러한 말을 들었다.

고통이 일어났을 때 그 고통을 인식하세요. 하지만 그 고통에 끌려가지는 마세요. 고통을 관찰하고 놓아주세요. 그러면 고통이 사라집니다. 영원한 것은 없습니다. 모든 것은 그냥 일어났다가 사라지는 것입니다.

당시에 나는 '놓아준다'는 모호한 개념에 대해 의문을 갖고 있었는데, 세도나 메서드를 만나면서 확실히 이해할 수 있게 되었다. 담마 센터에서 들었던 이 말에서 '고통'만 '문제'로 바꾸면 세도나 메서드와 동일한 솔루션이 된다.

놓아 버림은 행위의 영역이 아니다. 놓아 버린다는 것은 의식의 영역인 것이다. 이 지점을 이해하고 내 삶에 적용하자 머릿속에서, 가슴 속에서, 삶 속에서 나의 모든 문제가 즉각적으로 해결되었다.

원하는 삶에 몰입하는
내면언어 일기

나는 2023년부터 강범구 작가와 함께 '인리치 아카데미'라는 온라인 교육 회사를 운영해 왔다.

예전에 나는 NLP 1·2급 자격 과정을 듣기 위해 550만 원을 지출했다. 강범구 작가는 오래전 NLP를 듣는데 그 당시 1,000만 원 정도를 썼다고 한다. 우리는 '이 과정을 온라인을 통해 제공하고, 구독 형태로 한 달에 9,900원씩 받으면 어떨까?'라는 생각을 했다. 그렇게 시작된 것이 바로 인리치 아카데미다.

우리는 NLP에 기반한 각종 마인드 컨트롤 방법과 마케팅 교육 프로그램을 제공했다. 매주 목요일 밤 10시에 정규 과정 강의를 진행했고, 또 100일에 한 번씩 새로운 챌린지 프로그램을 열어 수강생들을 참여시켰다.

내면언어 일기를 개발하기까지

저널링에 대한 챌린지 프로그램을 3기까지 진행한 후 NLP 다이어트 챌린지를 완료했을 무렵이었다. 우리는 다음 챌린지로 무엇을 할지 모색하기 위해 2박 3일 동안 내부 워크숍을 진행했다.

회의는 각자가 아이디어를 제시하고 자신이 깨달은 인사이트를 나누는 방식으로 진행됐다. 개인적 경험을 나누며 그 안에서 실마리를 찾기도 했다.

우리는 저널링 챌린지를 하면서 수강생들이 '의무감'을 느끼는 경우를 자주 보게 되었다. 저널링을 처음 한 수강생들은 '좋긴 한데, 이걸 매일 써야 해?', '아이디어를 짜내야 하겠네' 같은 강박을 느꼈다고 한다.

우리의 목표는 저널링 과정에서 발생하는 부정적 감각을 없애고, 수강생들이 조금 더 수월하게 자신이 원하는 상태로 들어가게 만들 수 있는 챌린지 방법을 찾는 것이었다.

이때 아이디어로 나온 것이 '내면언어 일기'였다.

아이디어를 나누던 중 「어바웃 타임」이라는 영화에 대한 얘기가 나왔다. 어바웃 타임은 시간 여행자가 겪는 이야기이다. 주인공 가문의 남자들은 성인이 되면 시간 여행을 할 수 있게 된다.

기본적으로는 멜로 영화였지만 나는 그보다, 아버지와 아들의 관계성에 대해 더 깊은 인상을 받았다. 영화에서 주인공의 아버지는 병에 걸리고, 곧 죽을 날이 다가온다. 그때 주인공의 와이프가 둘째를 임신하게 된다. 아버지를 살리려면 과거로 가야 하지만 그렇게 되면 현재 임신한 아이는 이 세상에 다시는 존재할 수 없게 된다.

그런 아버지를 슬프게 바라보는 아들에게 아버지는 조언을 해 준다. 같은 날을 다시 한 번 살아 보라고. 대신 두 번째 살아 볼 때는 주변을 둘러보고, 그날 하루를 조금 더 음미해 보라고 말한다.

영화 속에서 주인공은 너무나 좋지 않았던 하루를 보낸다. 정신없고, 업무는 많고 직장 상사에게 혼나고, 밥을 먹을 틈도 없고, 집으로 돌아오는 지하철에서는 큰 소리로 음악을 듣는 사람이 옆에 앉고…. 그러나 주인공은 아버지가 해 준 조언에 따라 그날을 다시 한 번 살아 보기로 한다.

주인공은 다시 겪는 하루를 천천히 음미하고 즐기기 시작한다. 동일한 일들이 반복해서 일어났지만 주인공이 바라보고 받아들이는 자세는 완전히 다르다. 바쁜 업무 중에 농담을 하고, 인사를 건네고, 풍경을 감상한다. 집으로 돌아가는 지하철에서는 음악을 흥얼거린다. 잠들기 전 주인공에게 오늘 하루가 어땠냐는 와이프의 물음에 좋은 하루였다고 답해 준다.

우리는 이 영화에서 모티프를 얻어 '이런 형식으로 일기로 쓰면 어떨까?'라는 아이디어를 세웠다. 이를테면 '4,000억 원을 가지고 있다면, 오늘 하루를 어떻게 살았을까?'라고 생각하고, 상상 속에서 체험해 보는 것이다. 그러면서 그 순간의 감정들을 일기에 쓰면 자신이 원하는 상태로 들어가는 데 도움이 될 거라고 생각했다.

사람들은 대부분 평범한 하루를 보내고 있다. 그 평범한 하루 속에서 정말 많은 걱정을 하고, 부산하게 활동하며, 결핍감을 느낀다. 그렇게 일하다 퇴근을 하고 집에 돌아와 잠이 든다. 그 상태에서 만약 일기를 쓴다면 오늘 있었던 일들을 쓰게 될 것이다.

우리는 그 일기를 조금 다르게 접근해 보기로 했다. 나에게 만약 4,000억 원이 있었다면, 오늘 하루를 어떻게 살았을지를 생각해 보고, 새롭게 각색된 일기를 쓰는 것이었다.

4,000억 원이 있다면 이때 이런 일을 했을 거야.
4,000억 원이 있다면 이 일은 하지 않았겠군.
4,000억 원이 있다면 이런 선택을 했을 거야.

우리는 이러한 형식의 일기가 우리 내면의 사고방식을 바꿔 준다는 점에서 '내면언어 일기'라 이름 붙였다.

생각은 오로지 생각으로 대체된다

내부 워크숍을 끝낸 후 우리는 이 아이디어를 검증하기 위해 각자의 삶에서 내면언어 일기 쓰기를 실험해 보기로 했다.

그때부터 나는 매일 저녁 내면언어 일기를 썼다. 나는 4,000억 원이 있다는 가정하에 매일의 상황을 일기로 표현했다.

나에게는 4,000억 원이 있으니 세금 1억 2,000만 원 같은 건 문제도 아냐. 그보다 훨씬 큰 세금이 나와도 시원하게 낼 수 있어.

4,000억 원이 있으니 틈틈이 가족과 갈 해외여행 계획을 짰어. 4,000억 원이 있으니 부모님께 어떤 선물을 드렸어. 4,000억 원이 있으니….

그러던 어느 날 깨달았다. 내게 4,000억 원이 있다고 생각한 상태에서 일기를 쓸 때는 더 이상 세금에 대해 생각하지 않는다는 것을 말이다. 그리고 감정 상태 또한 너무 다르다는 것을 알게 되었다.

4,000억 원을 번 삶에 너무나 몰입한 나머지 현실의 고통인 세금의 문제를 완전히 잊게 된 것이다.

한 사람이 두 주인을 섬기지 못할 것이니 혹 이를 미워하고 저를 사랑하거나, 혹 이를 중히 여기고 저를 경히 여김이라.

_마태복음 6:24

그렇다! 우리의 생각은 두 주인을 동시에 섬길 수 없다. 다른 무언가로 우리의 생각을 채울 때에만 버려야 할 생각을 버릴 수 있는 것이다. 또한 내 생각의 주인이 바뀌면 그에 따라 나의 뇌도 반응하게 된다.

앞서 밝힌 대로 뇌의 입장에서 모든 현실은 환상일 뿐이다. 세금을 내는 것도, 4,000억 원을 버는 것도 모두 환상이다. 그렇기에 내가 4,000억 원을 버는 환상 속에서 살아가길 원한다면 나의 뇌 또한 그에 맞춰 살아가게 된다.

나는 내면언어 일기를 통해 고통의 굴레를 끊어내고 내가 원하는 삶에 완벽히 몰입할 수 있었다. 당신 또한 현재 고통 가운데 살아가고 있을지도 모른다. 그 고통에서 벗어나고 싶은가? 그렇다면 그 고통에서 벗어나려 하지 말고, 진정으로 당신이 원하는 삶에 몰입하라.

5-5.

고통은
성장의 씨앗이다

앞서 밝힌 대로 영에게는 모든 것이 경험의 대상이다. 영은 그 어떤 편견도, 선호도 없이 오로지 다양한 경험을 원할 뿐이다. 그렇게 해야만 성장할 수 있기 때문이다.

오래전 인디언들은 '영혼의 어두운 밤'이 있다고 여겼다. 영혼의 어두운 밤이란 우리의 영이 고통의 경험을 만나게 되는 순간을 가리킨다. 이때 우리는 좌절을 만나고, 고독도 만나게 된다.

이와 같은 영혼의 어두운 밤이 찾아오는 이유에 대해, 인디언들은 '그 영혼이 가장 두려워하는 것을 극복하기 위해서'라고 말한다. 그래서 사람들은 저마다 다른 영혼의 어두운 밤을 보내게 된다고 한다.

우리의 영은 내면 깊이 묻어둔 나의 두려움들을 들여다

본 뒤, 그것을 극복하기 위한 고통의 현실을 만들어 낸다. 인간의 삶이 고통과 두려움으로 가득한 것은 일종의 운명인 셈이다.

문제를 만들고 극복하는 영의 설계

그러나 우리는 영이 '그것을 극복하기 위해' 영혼의 어두운 밤을 만들어 낸다는 사실에 주목해야 한다.

세상의 모든 문제는 해결이 가능할 때만 나를 찾아온다. 딱 나의 그릇의 크기에 맞게! 딱 그만큼! 약간 버겁지만, 극복할 수 있을 만큼만 나를 찾아온다. 그것이 영의 설계다.

생각해 보면 지금까지 살면서 버거웠던 문제는 늘 있었다. 이걸 어떻게 해결해야 할지 몰라 난감했던 상황들은 늘 우리를 따라 다녔다.

하지만 시간이 지나고 나서 보면 어떤 방식으로든 해결은 되었다. 그렇지 않은가? 한번 지나온 세월을 찬찬히 살펴보자. 우리는 모두 영혼의 어두운 밤을 통해 성장할 수 있었다.

문제가 생겼어도 자신을 비난하지 말자. 많은 사람들이 어째서 이 문제가 나에게 일어났는지 의문을 품고, 그 문제를 만든 자신의 선택과 행실을 저주한다.

하지만 이래서는 문제를 해결할 수 없고 성장할 수 없다. 모든 문제는 그 안에 성장의 씨앗을 품고 있으니, 문제를 가장 귀한 손님처럼 환대해 보자.

성경에 이런 장면이 나온다. 날 때부터 소경이었던 사람이 있었다. 그는 눈이 안 보이니 구걸을 통해 먹고 살 수밖에 없었다. 그 소경을 보며 사람들이 예수에게 묻는다. "저 사람은 왜 저렇게 되었나요? 저 사람의 죄 때문인가요? 아니면 저 사람 부모의 죄 때문인가요?

이 질문은 영혼의 어두운 밤에 들어갈 때, 우리가 갖는 의식과 같다. 우리는 문제를 만날 때 눈이 멀어버린다. 그러면서 스스로에게 묻는다. 왜 이런 문제가 발생한 걸까? 내 잘못 때문일까? 아니면 누군가의 잘못 때문일까?

그때 예수는 이렇게 대답했다.

그 사람의 죄도 아니고, 부모의 죄는 더더욱 아니다. 저 사람이 눈이 먼 것은 그저 하나님의 영광을 보기 위함이다.

그러고는 그에게 다가가서 눈을 뜨게 해 준다.

그런데 이와 같은 기적이 오늘날에도 여전히 우리 주변에서 일어나고 있다는 사실을 알고 있는가?

'이 문제가 왜 일어난 건가요? 저의 잘못 때문입니까? 아니면 다른 사람의 잘못 때문입니까?'

전부 아니다. 우리 삶의 문제는 영의 영광을 보기 위해서 일어난다. 그러니 문제를 문제로 보지 말고, 문제 속에 숨어 있는 영의 설계를 보는 연습이 필요하다.

문제를 문제로 보지 않을 때 비로소 문제는 사라지게 된다.

만약 당신이 지금 영혼의 어두운 밤을 보내고 있다면 꼭 명심하기 바란다. 그것은 당신 때문이 아니다. 그 밤은 당신 안에 있는 영의 영광을 위해 존재한다. 그 밤은 곧 끝날 것이다.

고통은 존재의 근거다

고통과 문제는 우리에게 영이 있다는 사실을, 또한 우리에게 창조의 힘이 있다는 사실을 자각시켜 준다.

또한 이러한 사실을 자각할 때 우리는 진정으로 원하는 오더를 내릴 수 있게 된다.

새끼발가락이 어디에 있는지 자각하기 전까지,

우리는 새끼발가락이 어디에 있는지 알지 못한다.

그렇지 않은가? 우리는 평소에 새끼발가락이 어디 있는지 인지하지 못하고 살아간다. 그러다 새끼발가락을 문틀에 찍게 되면, 아주 강하고 선명하게 내 새끼발가락이 거기에 존재한다는 것을 자각하게 된다.

고통이 존재를 선물해 주는 것이다.

해결하지 못해 고민인 삶의 문제가 있는가? 그러한 문제가 있음에 기뻐하라. 그 이유는 그 문제를 창조한 존재가 바로 '나' 자신이기 때문이다.

내가 창조하지 않았다면 그 거대한 문제는 과연 어디에서 왔겠는가? 우주가 발생한 태곳적엔 없었을 문제인데 말이다.

문제를 저주하지 말고, 그저 내가 무엇을 창조했는지를 바라봐야 한다. 대체 어떤 '오더'가 그런 상황을 창조했는지 관찰해 보는 것이다.

그리고 새로운 '오더'를 내리면 된다. 그저 '오더'를 내리기만 하면 된다.

절대 구걸하거나, 애원하지 마라. 그것을 구하지도 말라. 기다리지도 말라. 주저하지도 말라. 당신은 그저 '오더'를 내리면 된다.

Chapter 6

오더 가이드북

6-1.

오더를 내리는
3단계

우리는 스스로의 영에게 정확한 오더를 내릴 때 원하는 것을 얻게 된다. 이러한 오더를 내리는 방법은 다음과 같다.

1단계 생각 : 자신이 원하는 것을 명확하게 정한다.

2단계 감정 : 그것을 달성했을 때의 감정을 지금 이 순간 느껴 본다.

3단계 영의 창조 : 자신이 원하는 것을 이미 달성한 존재가 된다.

하나씩 자세히 알아보자.

1단계 생각

우선 오더를 내리기 위해서는 '명확함'이 필요하다. 내가 원하는 게 무엇인지를 정확히 아는 것이다.

우리의 생각은 이 세계를 대립성으로만 이해할 수 있다. 빛과 어둠은 함께 존재한다. 어둠이 없다면 빛이 있다는 것을 알 수 없고, 반대로 빛이 없다면 그곳이 어둡다는 것 또한 알 수 없다. 내가 건강하다는 것을 알기 위해서는 병약하다는 개념이 있어야 한다.

우리가 무언가의 풍요를 알기 위해선 반드시 결핍을 겪어봐야 한다. 이때 우리의 머릿속에 풍요의 개념이 이해되고 내가 무엇을 원하는지 명확히 알게 된다.

내가 무엇을 원하는지를 잘 모르거나 원하는 것에 대한 이미지가 막연하다면, 일단 '내가 무엇을 원하지 않는지'를 살펴봐야 한다.

내가 원하지 않는 상황이 있다면, 그러한 상황을 모면하게 만들어 주는 것은 무엇인가? 그것이 바로 당신이 오더를 내려야 할 명확한 지점이다.

오더를 내릴 명확한 지점을 파악했다면 그때부터는 당신의 의식을 원하지 않는 것 즉, 결핍의 영역에서 끌어내야 한다. 풍요와 결핍이라는 서로 대립하는 가치가 항상 동시에 존재함을 인식하되, 당신의 고개를 풍요 쪽에 놓는 것이다.

문제 상황 속에서 그 문제를 보지 말고 완전히 해결된 모습을 봐야 한다. 갈등 상황 속에서 그 갈등을 보는 것이 아니라, 갈등이 모두 해소된 후 원하는 모습이 되었을 때를 봐야 한다.

오더를 위한 생각은 이렇게 형성된다.

우리를 가장 헷갈리게 만드는 문장 중 하나가 바로 '당신의 꿈을 찾아라'이다.

내가 무엇을 원하는지, 원하지 않는지에 대한 판단 없이 막연히 꿈만 찾으려 하면 꿈을 찾아야 되는 현실만 창조하게 된다. 이런 상태에서는 남들이 말하는 그럴싸한 꿈만 쫓다가 인생을 허비한다.

우선 당신이 원하지 않는 상황을 떠올려라. 그런 상황을 피하게 해 주는 것을 목표로 정하라. 대부분의 경우 그것은 '돈'이다. 돈 외에 '인간관계', '건강' 등도 오더의 목표가 될 수 있다.

당신이 원하는 것을 돈으로 정했다면, 돈의 결핍에 빠진 당신의 의식을 끄집어내라. 돈의 결핍이 있기에 돈의 풍요가 있음을 인식하되, 당신의 의식은 항상 풍요를 바라보고 있어야 한다.

2단계 감정

생각을 완성했다면 그에 걸맞은 감정을 완성할 때다.

아무리 목표가 명확하다 해도 생각만 하면 자연스레 '이렇게 상상한들 과연 무슨 의미가 있겠느냐'는 의심이 든다. 우리는 이처럼 생각을 할 때 생기는 자신의 한계를 긋는 감정을 내려놓아야 한다.

생각은 갖춰졌는데 감정이 갖춰지지 않을 경우 어떻게 될까? 무엇을 원하는지는 명확히 인지하고 있는데 감정이 무미건조하거나 부정적인 상황일 경우, 오더는 제대로 발동되지 않는다.

예를 들어 '나는 부자가 되고 싶어!'라는 말과 생각을 의식적으로 반복할 수는 있다. 하지만 이 말에서는 부자가 됐을 때의 벅차오르는 감정이 느껴지지 않는다. 오히려 이 말을 되뇔 때마다 우리는 부자가 되지 못한 고통을 느끼게 된다.

이러한 조합의 오더가 영으로 올라가면, 영이 창조해야 할 현실은 무엇일까? 부자가 되고 싶어 고통스러워하는 현실이다.

오더를 위한 감정이란 생각 속 목표를 이미 이룬 듯한 감정을 느끼는 것이다.

이를 위해 우리는 미래시제가 아닌 과거시제로 말과 생

각을 표현해야 한다.

나는 부자가 되고 싶어! → 나는 4,000억 원을 벌었다!

시제만 바꿔도 에너지가 바뀌는 것이 보인다.

미래시제가 아닌 과거시제로 표현하니 부자라는 모호한 표현이 4,000억 원을 번다는 형태로 구체화되었다.

이미 4,000억 원을 번 상황이기에 자신의 한계를 긋는 생각과 감정도 느껴지지 않는다. 또한 반복하면 반복할수록 4,000억 원을 벌었을 때의 벅차오르는 감정이 느껴진다.

오더를 위한 감정은 이렇게 형성된다.

3단계 영의 창조

생각과 감정이 담긴 오더를 영에게 올렸다면, 이후에는 곧바로 그것을 이룬 존재가 되어야 한다.

이는 별도의 과정이 아닌 오더를 위한 생각과 감정을 강화시키는 개념이라고 보면 된다.

처음으로 오더를 내리면, 목표에 대한 텍스트는 뚜렷하고 감정은 일어날지라도 머릿속에서 그 상황이 잘 떠오르지는 않을 것이다.

이러한 상상을 잘하기 위해서는 일단 '체험'을 해야 한다. 자신이 부자가 되기를 원한다면 부자가 된 상태를 체험해야 한다. 자신이 작가가 되기를 원한다면 작가가 된 상태를 체험해야 한다. 자신이 거대한 사업체의 CEO가 되기를 원한다면 CEO가 된 상태를 체험해야 한다.

잠재의식을 다루는 많은 책들이 '시각화'에 대해 설명한다. 내가 원하는 것이 눈앞에 있다고 생각하고 그려보는 것이다. 시각화를 하는 목적은 내가 원하는 것이 이루어졌을 때를 상상하기 위해서이다.

많은 감각 중 하필 시각인 이유는 우리에게 가장 친숙하고 우리의 뇌에 가장 큰 영향을 미치는 감각이 시각이기 때문이다. 그러나 나는 단순히 시각뿐 아니라 우리가 가진 모든 감각을 동원해 내가 원하는 상황을 전방위적으로 경험해보길 권한다.

가장 좋은 방법은 그 존재가 된 상태에서 나의 하루를 다시 한 번 체험해 보는 것이다. 앞서 내면언어 일기로 소개한 바 있는 방법이다.

자신이 원하는 존재가 된 후 오늘 하루를 돌아보자. 만약 당신이 목표를 달성한 상태였다면 그 상황에서 어떤 생각과 말, 그리고 행동을 했을까? 그것을 떠올려 본 후 일기 형태로 쓰는 것이다.

어떤 자기계발서에서는 '미래 일기'라는 이름으로 이와 비슷한 활동을 소개하기도 한다.

그러나 내면언어 일기와 미래 일기의 다른 점은, 내면언어 일기를 쓸 때는 어디까지나 나의 초점이 현재에 맞춰져 있다는 것이다. 미래 일기는 단어에 이미 들어가 있듯 기본 전제 자체가 '미래'에 맞춰져 있다. 그래서 쓰는 동안 미묘한 이질감을 느끼게 된다.

우리의 창조는 지금 이 순간 이루어져야 하는데, 미래 일기를 쓰는 동안 우리는 그것을 미래에 일어날 일이라고 생각하며 쓰게 된다. 그러면 그것을 떠올리는 우리의 감정에 균열이 생기고 창조력의 힘이 반감되어 버리고 만다.

이미 원하는 목표를 현재형으로 이룬 존재가 되어서, 일기 형태로 오늘 하루를 다시 경험해 보자.

그러면 뭔가 이상한 기분을 느끼게 될 것이다. 마치 생전 처음 거짓말을 할 때의 느낌이라고 할까? 내가 현실과 전혀 다른 이야기를 하는 사람처럼 느껴진다. 실제로 그렇기도 하다.

하지만 이것이 오더의 본질이다. 현재의 내가 아닌, 내가 원하는 존재가 되어야 한다. 그럴 때 새로운 현실 창조가 일어난다.

내면언어
일기 작성 방법

오더를 내리기 위해서는 자신이 원하는 존재가 된 뒤, 그것에 대해 생각하고 느껴야 한다. 그럴 때 우리는 그 존재에 점차 가까워진다.

이에 대해서는 여러 가지 방법이 있지만 가장 쉽고, 효과적인 방법은 매일 '내면언어 일기'를 쓰는 것이다. 당신은 이 방법을 통해 매일매일 풍요의 상태에 들어가는 경험을 하게 될 것이다.

기본형 내면언어 일기 작성 방법

내면언어 일기를 쓰는 시간은 딱히 중요하지 않다. 하지만 일기 형식이기에 저녁에 쓰는 것이 조금 더 효과적이다.

내면언어 일기를 쓰는 구체적인 절차를 정리하자면 다음과 같다.

일정 : 매일 정해진 시간

권장 시간 : 30분 이상

준비물 : 노트와 볼펜

1. 노트를 준비한다.
2. 오늘 날짜와 요일을 적는다.
3. 맨 윗줄에 '나는 4,000억 원을 벌었다'라고 적는다 금액은 4,000억 원 이상으로 정하는 것이 좋다.
4. 오늘 하루를 가만히 생각해 본다.
5. 내 통장에 4,000억 원이 있었다면, 오늘 하루를 어떻게 살았을지 생각해 본다.
6. 그 내용을 구체화해서 일기 형식으로 써내려 간다.
7. 그 과정에서 느끼게 될 감각을 상상하고 솔직하게 적어 본다.
8. 다 쓰고 나서 일기를 조용히 소리 내 읽어 본다.
9. 그때 느껴지는 감정을 음미해 본다.

다음은 이 방법대로 내면언어 일기를 쓴 예시다.

2024. 09. 01. 일요일

나는 4,000억 원을 벌었다! 통장에 4,000억 원이 있다. 인리치 유료 멤버십 구독자는 벌써 30만 명을 돌파했다! 나는 재정적으로 자유롭다. 요즘 잠재의식과 영성에 관한 책들에 푹 빠져 있다. 통장에 4,000억 원이 있어도 여전히 공부가 즐겁다.

오늘 눈을 뜬 곳은 하와이다. 전부터 와이프가 오고 싶어 하던 곳이다. 어제 퍼스트 클래스를 타고 도착했다. '포시즌스 오아후 앳 콜올라니'라는 이름의 호텔이다. 오늘 하와이 날씨는 완벽했다. 객실 밖에는 바다 전망이 펼쳐져 있었고, 이름 모를 새들이 지저귀고 있었다.

오전에는 뷔페에 가서 간단히 식사하고, 아이들과 수영장에서 같이 놀았다. 그러고 나서 낮잠을 자러 객실로 들어왔고, 아이들과 와이프는 쇼핑을 하러 갔다. 꿀같이 단 낮잠을 자고 난 후 해변으로 걸어갔다.

손에는 지금 읽고 있는 책이 들려 있다. 레스터 레븐슨 작가의 책이다. 다시 보니 역시 새롭다. 하와이 해변에 앉아 나는 책을 읽고, 문장에 줄을 치며, 사색하고, 깨달았다. 휴양지에서의 독서만큼 사치스럽고, 고급스러운 것이 없다는 생각이 들었다.

어느덧 저녁이 되었다. 아이들은 신기한 물건을 잔뜩 사 와서 나에게 보여 주었다. 돈이 많으니까 이렇게 쇼핑도 마음껏 할 수 있다. 역시 돈이 좋다!

저녁을 먹으러 호텔 레스토랑에 갔다. 이 호텔에서 자랑하는 해산물 요리들이 나왔다. 확실히 명성 값을 하는 요리였다. 랍스터와 새우, 킹크랩, 굴 등 여러 가지 요리들이 골고루 나왔다. 함께 곁들인 와인도 역시 훌륭했다.

식사를 마치고 다시 해변으로 갔다. 해가 아름답게 지고 있었다. 우리 가족은 나무 밑에 앉아 지는 석양을 보며 오늘 있었던 즐거웠던 일들에 대해 이야기했다. 바다향이 나는 신선한 바람이 온몸을 스쳐 지나갔다. 완벽한 하루였다. 이런 하루를 누릴 수 있음에 감사하다.

프로젝트형 내면언어 일기 작성 방법

우리는 삶의 최종적인 목표를 이루기 위해 내면언어 일기를 쓸 수도 있고, 그때그때 단기적으로 원하는 목표가 생길 경우 그것을 이루기 위해 내면언어 일기를 쓸 수도 있다.

예를 들면 내가 이 책의 원고를 쓰는 경우처럼 말이다. 나는 이 방법을 통해 책의 초고를 단 이틀 만에 모두 쓸 수 있었다.

프로젝트형 내면언어 일기를 쓰는 방법은 다음과 같다. 매우 효과적인 방법이니 꼭 한번 해 보기 바란다.

일정 : 매일 정해진 시간

권장 시간 : 15분 이상

준비물 : 노트와 볼펜

1. 노트를 펼친다.

2. 오늘 날짜와 요일을 적는다.

3. 맨 윗줄에 내가 원하는 결과를 이미 이룬 상태를 적는다ex. 나는 이틀 만에 초고를 모두 썼다.

4. 내가 원하는 목표를 이루었을 때를 상상 속에서 체험해 본다.

5. 그때 느껴지는 감각을 적어 본다.

6. 다 쓰고 나서 일기를 조용히 소리를 내어 읽어 본다.

7. 그때 느껴지는 감정을 음미해 본다.

8. 내가 목표한 일을 시작할 때마다 그 일기를 소리 내어 읽는다.

9. 잠들기 전에 내가 쓴 일기를 소리 내어 읽고 나서 잠에 든다.

10. 일어나서 내가 쓴 일기를 소리 내어 읽는다.

다음은 이 방법대로 내면언어 일기를 쓴 예시다.

2024. 09. 25. 수요일

나는 정해진 기간 안에 책의 초고를 모두 다 썼다. 9월 24일

밤에 체크인 해서 9월 26일 체크아웃 전까지!

내 머릿속에는 영감이 떠올랐고, 나는 그것을 그저 받아 적었다. 나는 내면의 인도를 받으며 아주 수월하게 초고를 다 쓸 수 있었다. 잠자는 중간 중간에도 잠재의식은 나에게 영감을 주고 있다. 나는 이 책이 베스트셀러가 될 것을 알고 있다.

초고를 다 쓴 후 나는 전율을 느끼고 있다. 이 원고에는 깊은 통찰과 울림이 담겨 있다. 이 책이 베스트셀러가 되기 위한 모든 자원들, 사람들, 환경들, 독자들은 이미 다 준비되어 있다. 그들은 내 책을 기다리고 있다. 아주 멋진 작품이 나왔다!

"이런 책이 나오길 기다렸어요!"

"이런 책을 써 주셔서 너무 감사해요!"

독자들의 목소리가 생생하게 들린다. 이 책은 나의 위대한 지성과 잠재의식의 힘을 활용한 책이다. 이렇게 빠르게 초고를 쓰게 된 것이 놀랍기도 하고, 신기하기도 하다. 모든 것에 감사를 드린다.

프로젝트형 내면언어 일기는 특정한 일을 하기 전에 쓰면 큰 도움이 된다. 그 일이 완벽하게 이루어졌을 때를 머릿속에 그려 보고, 그것을 먼저 체험해 보길 바란다.

무엇보다 그 일을 하기 전에 조용히 자신의 일기를 읽어 보길 바란다. 그것은 '선언'과 같은 효과를 낼 것이다. 잠들기 전과 일어난 후에도 일기를 읽어 보라. 당신의 하루가 그 일에 '초집중'한 상태로 흘러갈 것이다.

6-3.

저널링 하는
방법

내면언어 일기가 당신의 영에게 오더를 내리는 것이라면, 저널링은 오더를 이뤄가기 위한 구체적인 방법을 찾는 과정이다.

저널링의 목표는 노력으로는 결코 벌 수 없는 큰 금액을 설정해야 한다. 돈이라면 최소 4,000억 원 이상으로 정할 것을 추천한다.

물론 그런 큰돈을 노트에 적으면 처음엔 실소가 나올 것이다. 그것은 당신이 지금까지 살면서 이런 질문을 스스로에게 던져 본 적이 없었기 때문이다. 그 점을 깨닫기 바란다.

우리의 뇌는 질문을 던지면 거기에 대한 답을 하도록 만들어졌다. 어떻게 하면 한 달에 겨우 몇 십만 원을 아낄지에 대한 질문으로 뇌의 무한한 능력을 낭비하지 말자. 이제부터 위대하고 거대한 질문을 던져 보자. 감히 일반적인 상태에서는 상상할 수도 없는 금액을 적어 보자!

이것이 의심된다면 다음 세 가지 구절을 읽어보고 시작하는 것을 추천한다.

네 입을 크게 열라 내가 채우리라.

_시편 81:10

믿음은 바라는 것들의 실상이요 보이지 않는 것들의 증거이다.

_히브리서 11:1

믿는 자에게는 능히 하지 못할 일이 없느니라.

_마가복음 9:23

당신 본연의 능력. 즉, 영의 능력을 과소평가하지 말자. 영에게 있어서 불가능한 것은 없다.

또한 영의 세계에서 100원과 100억 원은 동일하다는 것을 깨닫기 바란다. 당신이 만약 100원의 가치를 창조할 수 있다면, 마찬가지로 100억 원의 가치를 창조할 수도 있다.

저널링 작성 방법

저널링을 하는 구체적인 절차를 정리하자면 다음과 같다.

일정 : 매일 정해진 시간

권장 시간 : 30~60분, 혹은 그 이상

준비물 : 노트와 볼펜

1. 노트와 펜을 준비한다.

2. 노트 맨 위에 '나는 4,000억을 벌었다'라고 적는다 말도 안 되게 거대한 금액을 적는 것이 중요하다.

3. 4,000억 원을 어떻게 벌지에 대한 아이디어를 적기 시작한다.

4. 생각이 안 나고 막힐 때는 답답해하지 말고, 그저 아이디어가 다가오기를 기다려 준다.

5. 형식은 따로 없고, 자유롭게 30분~1시간 정도를 그 생각 자체에 집중한다.

왜 4,000억 원이 넘는 거대한 금액을 적어야 할까? 거기에는 두 가지 이유가 있다.

첫 번째는 적은 돈을 벌려고 할 때의 아이디어와 큰돈을 벌려고 할 때의 아이디어 자체가 다르게 나오기 때문이다.

두 번째는 이 훈련을 계속하다 보면 10억 원, 1억 원이

작게 느껴지기 때문이다. 1억 원이 작게 느껴지면, 그 돈은
정말 쉽게 당신에게 들어올 것이다.

오더에 대한
사고 실험

여기서는 오더의 원리에 대한 이해를 높이기 위해, 몇 가지 사고 실험을 해 볼 것이다. 이를 통해 우리는 창조의 원리를 좀 더 명확히 이해할 수 있다.

이제부터 내가 내리는 '오더'를 상상 속에서 해 주기 바란다.

명확함에 대한 사고 실험

우선 눈앞에 여러 색상의 고무찰흙이 있다고 상상해 보자. 초등학교 시절 한 번씩은 가지고 놀아 본 적 있는 그 고무찰흙이다.

오더-1

1. 여러 색상의 고무찰흙 중 한 가지를 선택하라.

2. 자유롭게 만들고 싶은 모양을 만들어라.

무엇을 만들었는가? 나는 하얀색 고무찰흙을 선택했다. 그리고 동글동글하게 굴려서 공 모양을 만들었다.

오더-2

1. 이번에는 상상 속에서 '노랑색' 고무찰흙을 선택하라.

2. 그 고무찰흙으로 '컵' 모양을 만들어라.

다 만들었는가? 이제부터 이어지는 질문에 대답해 보기 바란다.

우선 '오더-1'에서 당신은 마음에 드는 한 가지 색상을 선택했을 것이다. 왜 그 색깔을 선택했는가? 좋아하는 색이라서? 아니면 눈에 띄어서?

그 다음 당신은 만들고 싶은 것을 만들었을 것이다. 왜 그것을 만들었는가? 당신이 좋아하는 물건이라서? 그냥 머릿속에 떠올라서?

오더-1은 '명확함'이 없는 상태다.

당신은 '무의식적'으로 아무 색깔의 고무찰흙을 선택한 뒤 그때그때 머릿속에 떠오른 모양대로 만들었을 것이다.

그 다음 왜 그 색을 골랐느냐, 왜 그것을 만들었느냐는 질문을 받고 난 뒤, 당신은 이유를 만들어 대답했을 것이다.

이번엔 '오더-2'를 살펴보자. 거기에는 '명확함'이 있다. 즉 '노란색'이라는 색깔을 명확하게 지시한 후, 그것으로 '컵 모양'을 만들라고 했다.

그러니 결과가 어떠한가? '노란색 컵 모양'의 고무찰흙이 눈앞에 있을 것이다.

우리는 모두 현실을 만들어 내는 창조자이며, 우리의 현실은 마치 고무찰흙과 같다. 우리는 원하는 무엇이든 선택하고 만들 수 있다.

하지만 대부분의 사람들은 오더-1의 상태, 즉 명확함이 없는 상태로 살아가고 있다. 자신의 현실을 매 순간 무의식적으로 만들어 내고 있는 것이다. 자신이 창조자라는 것을 망각한 채 말이다.

우리가 창조자라는 사실을 자각했다면 우리는 오더-2의 상태 즉, 명확하게 의도한 상태로 살아갈 수도 있다. 정확한 오더를 내릴 때 우리 삶은 놀랍도록 수월해진다.

현실 붕괴에 대한 사고 실험

이번에는 방금 만든 2개의 고무찰흙을 가지고 다른 실험을 해 보자.

오더-3

1. 눈앞에 있는 2개의 고무찰흙을 하나로 뭉쳐 보자.
2. 그 후 뭉쳐진 고무찰흙으로 직사각형 형태의 블록을 만들어라.

'오더-3'을 하니 오더-1과 오더-2를 통해 만들어진 모형은 모두 찌그러지면서 파괴가 일어난다. 그 후 당신은 찌그러지고 뭉쳐진 고무찰흙으로 직사각형 모양의 블록을 만들어 내게 된다.

오더-3이 지칭하는 것은 새로운 현실의 창조 과정이다. 우리가 오더를 내려 원하는 현실을 창조하기 시작할 때, 무의식적인 상태에서 창조했던 기존의 현실들이 붕괴되기 시작한다. 이때는 정말 우리 주변의 현실들이 마치 찌그러지는 것처럼 보인다.

그럴 때 일어나는 일들을 예로 들면 다음과 같다.

기존에 잘 지내던 사람들과 멀어진다.

다니던 회사가 문을 닫거나, 회사에서 잘린다.

주변 상황이 급속도로 안 좋아지는 것처럼 보인다.

여러 가지 사건 사고에 휘말린다.

감정적으로 혼란스럽고 불안해진다.

사실 이것은 당연한 현상이다. 내가 원하는 새로운 현실
이 만들어지기 위해선 기존에 내가 만든 현실이 붕괴되어야
하기 때문이다.

이때 중요한 것은 눈앞의 현상에 매몰되지 않고 지속적
으로 내가 원하는 것들을 생각하는 것이다.

말한 대로 따르는 마음의 속성

두 가지 사고 실험을 통해 우리는 또 한 가지 중요한 사실을
깨달을 수 있다. 바로 우리의 마음은 오더를 내리면 그대로
따라 하는 속성이 있다는 점이다.

오더-2를 다시 살펴보자.

오더-2

1. 이번에는 상상 속에서 '노랑색' 고무찰흙을 선택하라.

2. 그 고무찰흙으로 '컵' 모양을 만들어라.

위의 오더를 본 후 우리는 전혀 다른 것을 만들 수도 있었다. 그 어떠한 강제도 없었기 때문이다. 하지만 오더-2의 내용을 본 순간 우리는 그것을 그대로 따라 만들게 되었다.

놀랍지 않은가? 당연한 말이라고 여길 수도 있겠지만 돌이켜 보면 이는 기적에 가깝다. 당신은 그저 텍스트로 적혀 있을 뿐인 나의 오더를 받은 뒤 그대로 따라했다. 하물며 당신 스스로에게 내리는 오더는 어떻겠는가? 스스로에게 내린 오더는 우리의 현실을 강력하게 구속한다.

우리가 인식하든 인식하지 못하든 우리의 생각 속에는 이미 수많은 오더가 내장되어 있다. 이 오더들이 지금 나의 현실을 계속 창조해 내고 있는 것이다.

그것들은 아주 오래전부터 나에게 프로그래밍 되어 있던 오더들이다. 부모에게서 들은 오더일 수도 있고, 스스로에게 내린 오더일 수도 있다. 우리는 이러한 오더들을 우리의 목표에 맞게 최적화시켜야 한다.

그것을 실천하는 것은 바로 당신 자신이다.

무거운 현실을
가볍게 조율하기

만약 당신의 현실이 너무 무겁게 느껴져서 오더 자체를 내릴 힘이 없다면 다음과 같은 지침을 따라 보기 바란다.

1. 쉬는 날을 하루 정한다.
2. 미리 다른 도시로 가는 기차표를 예매해 둔다. 너무 이른 시간이 아닌 점심시간 전 정도로 예매를 한다. 오전 10시 정도가 적당하다.
3. 그 날은 늦잠을 잔다.
4. 다른 도시로 가는 기차를 타기 위해 이동한다.
5. 이때 중요한 것은 핸드폰과 노트, 책 등을 놓고 가는 것이다. 아무것도 지니지 말고 몸만 가야 한다.
6. 기차를 타고 내가 살고 있는 도시를 떠난다. 이왕이면 바다가 있는 도시를 추천한다.

7. 그날 하루는 모든 의무를 잊고 지낸다. 당신이 싫어하는 것은 이 날 하루 동안 절대 하면 안 된다. 오직 당신이 원하는 것만 하면 된다.

8. 그렇다고 너무 많은 행동을 하면 안 된다. 이날의 목적은 멍해지는 것이다.

9. 바다나 좋은 풍경이 있는 곳을 찾는다.

10. 가만히 앉아서 그 풍경을 바라본다. 이때부터 멍하니 있으면 된다.

11. 배가 고프다면 근처에서 먹고 싶은 것을 먹는다. 너무 많이 먹지 않는다.

12. 다시 풍경이 있는 곳으로 온다. 또 멍하니 있는다. 중요한 것은 해가 질 때까지 그 자리에서 풍경을 바라보는 것이다.

13. 당신 스스로 그 어떤 것도 하지 않고, 그저 멍하니 있어야 한다. 의도를 가지지 말고 의무를 가지지 말라. 그저 그 자리에 존재만 해 보는 것이다.

14. 해가 지는 것을 바라보라. 이건 매우 중요하다. 인디언들은 해가 뜰 때와 해가 질 때 기적이 일어난다고 말한다. 당신의 영혼은 해가 지는 것을 보며 어떠한 조율을 받게 될 것이다.

15. 해가 지는 것을 모두 봤다면 기차를 타고 돌아오자.

16. 저녁 식사도 역시 내가 원하는 것을 먹자.

17. 식사를 할 때 스스로에게 조용히 이렇게 말해 주자. "많이 먹어, 내 사랑."

18. 집에 와서 가볍게 샤워를 하고 침대에 눕자. 역시 핸드폰은 켜지 말자. 자기 전에도 조용히 스스로에게 말해 주자. "잘 자, 내 사랑. 여전히 너의 세계는 너를 사랑하고 있어."

19. 편안하게 잠들자.

이 방법은 내가 새로운 오더를 내리기 전에 나의 삶을 원상태로 되돌리는 작업이다. 꼭 한 번 실습해 보길 바란다.

이때 중요한 것 두 가지를 꼭 기억하자!

1. 핸드폰은 반드시 집에 두고 갈 것! 핸드폰을 가져가는 순간 당신은 유혹을 이길 수 없을 것이다.

2. 해가 지는 것을 보고 올 것!

만약 당신이 위의 지침을 그대로 따랐다면 다음 날부터 삶의 결이 달라진 것을 느낄 수 있을 것이다. 또한 많은 것을 깨닫게 될 것이다.

글만 읽는 것과 실제 해 보는 것은 천지차이가 날 것이다. 꼭 해 보길 바란다. 그리고 나서 삶이 가벼워졌다면 이제 당신이 원하는 오더를 내리기 시작하자!

상황에 따른
여러 가지 오더

경험은 우리의 믿음을 강화시켜 준다. 아래 있는 예시들을 통해 다양한 상황에서의 오더를 직접 경험해 보길 바란다. 그러면 오더에 대한 당신의 믿음이 한층 강화될 것이다.

1. 신체에 대한 오더

2. 감정에 대한 오더

3. 돈에 대한 오더

4. 관계에 대한 오더

5. 증표에 대한 오더

다섯 가지 예시들에 대한 실험 과정을 읽어 보고, 당신에게도 적용해 보길 바란다. 가볍고 편안한 마음으로 해도 된다. 그것만으로도 놀라운 일들을 경험할 수 있을 것이다.

① 신체에 대한 오더

양손을 편 상태로 포개 보자. 손에 있는 손금을 중심으로 양손을 맞대어 보라.

그러면 미세하게 중지 손가락이 더 짧은 쪽이 있을 것이다. 짧은 중지 손가락을 눈앞에 놓자. 다른 손은 편하게 내리면 된다.

이제 그 중지 손가락을 바라보자. 그 손가락이 주~욱 늘어나는 상상을 해 보자. 엿가락처럼 늘어나는 상상을 하면 된다. 말로도 해 보자.

중지가 늘어난다. 중지가 늘어난다. 중지가 늘어난다.

다시 그 짧은 중지 손가락을 눈앞에 둬 보자. 상상 속에서 늘어나는 장면을 머릿속에 그려 주면 된다.

그렇다고 따로 중지 손가락에 힘을 줄 필요는 없다. 그저 손가락이 늘어난다는 의도만 가지면 된다.

이제 다시 양손을 포개 보자. 처음에 중심선으로 잡았던 손금을 기준으로 손가락을 포개면 된다. 짧았던 중지 손가락은 조금 더 길어져 있을 것이다.

② 감정에 대한 오더

우리는 보통 감정을 느끼면서 그 감정과 자신을 동일시하곤 한다. 하지만 우리는 그 감정이 아니다.

'나는 화가 나!' 혹은 '화나!'라고 표현을 하는데, 이것은 정확한 표현이 아니다. 화가 난 상태를 정확히 표현하는 말은 '나는 지금 화라는 감정을 느끼고 있어'이다.

우리의 감정 역시 오더를 통해 얼마든지 원하는 상태로 변환시킬 수 있다. 방법은 아주 간단하다.

눈을 감고 상상 속에서 좌우로 돌릴 수 있는 회전형 레버를 하나 만들어 보자. 이 레버는 우리의 감정을 컨트롤할 수 있는데, 레버 위에는 '즐거움'이라고 쓰여 있다. 당신은 이 레버를 왼쪽으로 돌릴수록 '즐거움'을 느끼게 된다.

자! 이제 상상 속에서 레버를 잡고 천천히 돌려 보자. 레버를 왼쪽으로 돌릴 때마다 당신은 점차 즐거워질 것이다.

필요에 따라 다른 종류의 레버도 마음껏 만들 수 있다. 예를 들어 '자신감'이라는 레버, '열정'이라는 레버를 만들어서 필요한 에너지를 얻을 수 있다. 무엇이든 우리의 감정을 만들어 내고, 변환시킬 수 있는 것이다.

③ 돈에 대한 오더

이번 실험은 매우 재미있지만 또 간단하다. 이 실험을 하면 생각지도 못한 돈이 들어오는 경험을 하게 된다.

숨을 들이마실 때마다 이렇게 생각하면 된다.

돈이 공기처럼 들어온다.

그리고 편안하게 숨을 내쉰다. 다시 숨을 들이마실 때 똑같이 생각해 본다. '돈이 공기처럼 들어온다' 정해진 시간이 아니라 생각날 때마다 속으로 되뇐다.

그렇게 하며 돈이 들어오면 무엇을 할지 정해 본다. 1만 원이 들어오면 어디에 쓸지, 5만 원이 들어오면 어디에 쓸지, 10만 원이 예기치 않게 들어오면 어디에 쓸지를 생각해 보면 된다.

그 돈을 쓰는 장면을 머릿속에 그려보고 그때 느껴지는 감정을 충분히 음미해 본다. 다시 숨을 들이마시면서 속으로 되뇐다.

돈이 공기처럼 들어온다.

이 실험은 내 강의를 듣는 사람 중 정말 많은 이들이 효과를 경험한 오더이다.

당신은 곧 생각지도 못한 곳에서 돈이 들어오거나 잊고 있었던 돈을 발견하게 될 것이다. 이때 중요한 것은 금액과 상관없이 기뻐하는 것이다.

④ 관계에 대한 오더

회사에 불편한 관계를 맺고 있는 사람이 있는가? 당신은 오더를 통해 그와의 관계를 내가 원하는 관계로 만들 수 있다.

우리는 불편한 사람들을 생각할 때 상상 속에서도 불편한 감정을 느낀다. 우리는 오더를 통해 이러한 상황을 해소시켜야 한다.

편안하게 눈을 감고 그 사람을 떠올린다. 내일 회사에 갔을 때 그 사람이 나를 보면서 긍정적인 말과 행동을 한다고 생각해 본다. 내가 그 사람에게 듣고 싶은 말과 행동일 수도 있다.

○○ 씨는 역시! 일을 잘해!

이런 말을 들었다고 상상해 본다. 그때 내게 어떤 느낌이 들지 미리 느껴 본다.

그 사람 머리 위로 '사랑'을 쏟아 붓는 상상을 해 본다. 이 사랑은 이성 간의 사랑이 아니라 그저 존재에 대한 감사의 사랑이다. 그 사랑을 쏟아 부을 때 그 사람이 얼마나 좋아하는지도 상상해 본다.

다음 날 그 사람과의 관계가 어떻게 변했는지 관찰해 본다.

⑤ 증표에 대한 오더

이 실험은 당신의 오더가 어떻게 발현되는지를 알아보는 데 그 의의가 있다.

당신이 생각하는 신, 혹은 우주, 혹은 스스로의 영에게 다음과 같이 말해 본다.

> 나를 얼마나 사랑하는지 내가 알고 싶어. 그 사랑에 대한 특별한 증거를 보여 줘! 대신 내가 그것을 명확하게 알 수 있도록 해 줘.

당신은 곧 당신의 신이, 이 우주가, 당신의 세계가 당신을 얼마나 사랑하는지에 대한 증표를 얻게 될 것이다.

당신이 알아야 할
단 한 가지

이 책을 통해 '영'이 무엇인지에 대한 많은 인사이트를 얻었으리라 생각한다. 이 책의 마지막 또한 영적 자각에 대한 이야기 중 내가 좋아하는 이야기로 마무리하려 한다.

옛날에 한 왕자가 있었다.

이 왕자는 어느 날 큰 실수를 했는데 왕은 그를 왕궁에서 내쫓았다. 왕자는 왕궁을 나와 거리로 향했다. 그러나 왕자는 할 수 있는 것이 아무것도 없었다. 그는 평생을 왕자로 살았기 때문이다.

그나마 취미로 배운 비파 연주가 그가 할 수 있는 유일한 일이었다. 그는 거리에서 구걸을 해 돈을 모았고, 어느 정도 돈이 모이자 아주 낡은 비파를 샀다. 그러고는 거리를 다니며 비파 연주를 해 돈을 벌었다.

그는 자신이 왕자였다는 사실을 잊기로 결심했다. 왕의 아들 이었다는 사실이 떠오를 때마다 지금의 현실이 더 괴로워졌기 때문이다. 그렇게 10년이라는 세월이 흘렀다. 그 세월 동안을 거리에서 보낸 왕자는 자신이 왕자였다는 사실을 까맣게 잊어 버렸다. 왕자는 이제 자신이 태어났을 때부터 거지였다는 생 각마저 들었다.

10년이 지난 어느 날 왕궁에 있는 왕은 말했다.

"왕자를 찾아오라."

왕의 명령에 대신들은 왕자를 찾아 나섰다. 수소문 끝에 그가 있는 곳을 알아냈다. 매우 뜨거운 여름이었다. 왕자는 여전히 나무 그늘 아래에서 놀고 있는 사람들에게 비파를 연주해 주 고 있었다. 멀리서 대신들이 다가오자 왕자는 그들에게 구걸 을 했다.

"한 푼만 주십쇼. 며칠 동안 굶었더니 너무 배가 고픕니다요, 나리."

대신은 거지꼴을 한 그 사내를 유심히 바라보았다. 볼품없는 행색이었지만, 그 안에는 여전히 묘한 기품이 서려 있었다. 대신은 곧 그가 왕자임을 알아차렸다.

"왕자님, 왕께서 당신을 부르십니다."

대신의 말을 듣자마자 그는 자신이 왕자였던 사실을 기억해 냈다. 왕이 부른다는 말에 왕자였던 시절의 모습으로 곧바로 돌아왔다. 구부정한 그의 허리는 곧게 펴졌고, 우울했던 눈에는 생기가 돌았다.

"가서 내 의복을 가져오라."

왕자는 대신에게 명령을 했다. 그리고 대신의 말을 타고 왕궁으로 돌아갔다.

이야기는 이렇게 끝이 난다. 이 이야기는 우리의 영적 자각이 무엇인지를 말해 주고 있다.

여기서 왕자는 우리의 영을 상징한다. 자신이 왕자임을 잊고 구걸하며 살아가는 것은, 우리가 영의 창조능력을 잊고 구걸하듯 세상을 살아가는 것과 같다.

많은 사람들이 세상을 두려워하며 구걸을 하고 애원을 한다. 그렇게 되면 모든 것이 부족해지고, 결핍을 느낀다.

하지만 그런 생활이 영원히 지속되는 것은 아니다. 왕자가 '왕께서 당신을 부르십니다'라는 말 한마디를 듣자마자 바로 자신이 왕자였음을 기억해 낸 것처럼, 우리는 영적 자각을 하자마자 곧바로 자신의 창조능력을 발휘하게 된다.

당신이 알아야 할 것은 단 한 가지다. 당신은 당신이 있는 세계의 창조자다!

오더

초판 1쇄 인쇄 · 2025년 3월 14일
초판 1쇄 발행 · 2025년 3월 28일

지은이 · 조성민
펴낸이 · 이종문(李從聞)
펴낸곳 · (주)국일미디어

등　록 · 제406-2005-000025호
주　소 · 경기도 파주시 광인사길 121 파주출판문화정보산업단지(문발동)
　　　　서울시 중구 장충단로8가길 2, 2층
영업부 · Tel 02)2237-4523 | Fax 02)2237-4524
편집부 · Tel 02)2253-5291 | Fax 02)2253-5297

평생전화번호 · 0502-237-9101~3

홈페이지 · www.ekugil.com
블 로 그 · blog.naver.com/kugilmedia
페이스북 · www.facebook.com/kugilmedia
E-mail · kugil@ekugil.com

ISBN 978-89-7425-951-8(03320)